Morphologie de l'attentat politique

Morphologie de l'attentat politique

Essai sur les violences armées clandestines

Ami-Jacques Rapin

Il ne m'a pas semblé opportun de laisser de côté un débat sur les conjurations, tant elles sont dangereuses pour les princes et les particuliers. On voit, en effet, que de leur fait beaucoup plus de princes ont perdu leur vie et leur pouvoir qu'à cause d'une guerre ouverte. Car il est permis à peu d'hommes de faire ouvertement la guerre à un prince, tandis qu'il est permis à chacun de conspirer.

Machiavel
Le Prince

Table des matières

Introduction

Dans la citation mise en exergue de cet ouvrage, Machiavel nous pro-pose une piquante réflexion sur les caractéristiques respectives de l'attentat politique – la conjuration chez le Florentin – et de la guerre. Le jugement relatif à leur dangerosité était fortement tributaire du contexte politique tourmenté du nord et du centre de l'Italie au tournant des XVe et XVIe siècles, alors que les considérations relatives aux conditions de leur mise en œuvre indiquaient le caractère somme toute démocratique de l'attentat qui, contrairement à la guerre, est à la portée de «chacun». Plus implicitement, l'auteur du *Prince* signifiait également que l'un et l'autre appartiennent à une même catégorie générale de l'action politique, celle qui se caractérise par l'usage de la violence.

La confrontation de ces deux formes de violence politique, l'examen de leurs différences et de leurs similitudes, la compréhension des moda-lités de leur possible combinaison sont plus que jamais d'actualité à une époque où la frontière entre la guerre et le «terrorisme» semble s'estomper. Cet effacement n'est en réalité qu'apparent; il est le produit d'un discours qui ne parvient plus à maîtriser les concepts dont il se sert et qui crée une confusion là où se manifestent deux phénomènes spécifiques parfaitement discernables.

Confucius (1987, 71) disait que lorsque les noms ne sont pas corrects, le langage est sans objet et que, lorsque le langage est sans objet, les choses ne peuvent être menées à bien. Peu importe qu'il eût à l'esprit le bon ordonnancement de la société plutôt que l'ajustement des concepts aux phénomènes auxquels ils se rapportent; ne retenons que l'idée d'une déno-mination inadéquate qui masque la réalité d'un voile trompeur. Si nous ne savons plus si nous sommes en guerre ou en paix, si nous ne savons plus ce qu'est un «acte de guerre» et si nous n'avons jamais exactement su ce qu'est le «terrorisme» – et que nous ne sommes pas près de le savoir –

c'est que nos catégories de compréhension de la violence politique se sont complètement brouillées.

Pour tenter de débrouiller l'écheveau, il importe d'en tirer le bon fil. Gageons que ce fil soit l'attentat tel qu'il se présente à l'observation sous sa forme la plus élémentaire, c'est-à-dire sans les oripeaux conceptuels dont on le drape habituellement et qui nous dissimulent sa véritable morphologie. À trop parler de «terrorisme» sans réfléchir posément au référent – ou plutôt faudrait-il dire *aux référents* – de la notion, nous avons tout simplement perdu de vue l'attentat en tant que catégorie spécifique de violence politique. Qu'il soit lui-même polymorphe ne change rien à sa spécificité par rapport à d'autres formes de violence politique avec lesquelles il peut parfaitement coexister et se combiner.

L'attentat politique est *aussi* la continuation de la politique par d'autres moyens – sinon il ne serait pas politique – mais il n'est pas pour autant réductible à la guerre, dont on aura reconnu ici la caractérisation clausewitzienne. Tantôt il est une alternative à la guerre, tantôt son succédané, tantôt son amorce, tantôt son appoint, tantôt encore sa mauvaise caricature, mais il n'est jamais identifiable conceptuellement à la guerre pour au moins deux raisons. La première est que le combat se révèle une composante tout à fait accidentelle de l'attentat, alors que «tout ce qui fait partie de la guerre part nécessairement du combat» (Clausewitz, 1999, 55). La deuxième est que l'attentat n'implique pas systématiquement une dialectique des volontés qui s'affrontent pour un enjeu politique quelconque. Plus souple à manier que la guerre, accessible à tout un chacun, l'attentat est un instrument dont l'emploi ne vise pas forcément à peser dans une épreuve de force.

À certains égards, l'attentat politique est plus difficile à cerner que la guerre. Non pas en raison de l'ampleur du phénomène et des éléments multiples qu'il implique lorsqu'il se manifeste concrètement, la guerre étant évidemment plus complexe en la matière, mais parce que son rapport au politique est nettement plus instable que celui de la guerre. Qu'il soit à la portée du premier venu y est pour beaucoup. Cependant un autre facteur contribue à opacifier le phénomène : la plus grande inintelligibilité de l'attentat dont la signification paraît souvent impénétrable.

La masse de commentaires, d'analyses et de publications que suscitent les irruptions particulièrement meurtrières de la violence armée clandestine dans l'espace public ne change pas grand-chose à notre compréhension de l'attentat en tant que forme d'action politique. Au contraire, plus les attentats se multiplient, plus ils deviennent violents, et plus ils semblent échapper à notre capacité d'entendement. L'ambiguïté de la parole des politiques – qui mettent de la guerre là où il n'y en a pas et qui la taisent là-bas où il y en a – y est assurément pour quelque chose. Mais la parole des experts y est aussi pour beaucoup, lorsque l'érudition sécuritaire se substitue à l'analyse politologique ou lorsque l'attrait des feux médiatiques l'emporte sur la connaissance factuelle et la réflexion conceptuelle.

Parole politique et parole d'experts remplissent certes une fonction importante, puisqu'elles signifient le retour à une certaine sécurité cognitive immédiatement après l'intrusion aberrante de l'attentat dans l'espace public. Elles rassurent en créant l'impression que la violence est maîtrisée, si ce n'est matériellement, du moins intellectuellement, quelles que soient d'ailleurs l'explication avancée ou les mesures annoncées. Mais cette parole, qui use et abuse du lexique de la terreur, est une parole superficielle qui court après une ombre et prend cette ombre pour le corps. Ce corps, voilé par l'apparence trompeuse du discours sur le terrorisme et dont nous n'avons qu'une image imparfaite, n'est autre que l'attentat *en tant que tel*. Phénomène historiquement récurrent, il se présente à la fois comme une forme spécifique de violence politique et comme un registre d'actions suffisamment large pour que l'on puisse l'envisager en tant que violence polymorphe. Il ne s'agit certes pas d'un phénomène aisé à saisir et à expliquer, mais il s'agit assurément d'un objet moins évanescent que le «terrorisme».

✿
✿ ✿

Ce qui cloche dans le discours sur le terrorisme

> Dites ce que vous voudrez, tant que cela ne vous empêche pas de voir ce qu'il en est. (Et dès que vous le verrez, il y aura maintes choses que vous ne direz pas).
>
> Wittgenstein

L'histoire de la notion de terrorisme a été esquissée ailleurs (Rapin, 2014). Inutile d'y revenir dans le détail, au risque de se perdre dans les méandres de controverses qui n'ont jamais débouché sur une définition satisfaisante du concept. Il suffit ici d'aller à l'essentiel en postulant que ce que l'on trouve dans la réalité – le monde phénoménal, par opposition au monde des idées – ce n'est pas du «terrorisme», mais des attentats qui constituent la seule base matérielle de l'analyse, le seul point de départ fiable du raisonnement, si l'on veut véritablement conserver une chance de comprendre et d'expliquer le phénomène de la violence politique clandestine.

La question n'est donc pas de savoir ce qu'*est* le terrorisme, mais de comprendre pourquoi une certaine forme de violence politique est conçue *en tant que* terrorisme ? La réponse est donnée par Raphael Lemkin, le célèbre juriste polonais dont le nom est passé à la postérité pour avoir forgé le concept de génocide en 1943. Précédemment, Lemkin (1934, 3-4) avait participé aux travaux des Conférences pour l'unification du droit pénal (CUDP), dans le cadre desquelles il développa une critique serrée des premières tentatives de définition terminologique du terrorisme :

Le terrorisme ne s'applique pas à une forme législative synthétique, «terrorisme» ne constitue pas une notion juridique; «terrorisme», «terroristes», «actes de terrorisme» ce sont des expressions employées dans la langue courante et dans la presse pour définir un état d'esprit spécial chez les délinquants qui, en outre, réalisent encore de par leurs actions des délits particuliers. Donc, M. le professeur Rocco avait raison de soulever pendant la discussion à la conférence de Paris [CUDP de 1931] que le terrorisme ne présente pas de conception uniforme, mais embrasse une quantité d'actes criminels différents. Dans cet état de choses nous sommes d'avis que la création d'un nouveau délit de droit des gens nommé terrorisme serait inutile et superflue.

Lemkin se rallia ultérieurement aux efforts déployés par ses collègues pour forger une définition juridique du terrorisme, mais il avait compris en 1934 que le mot, tel qu'il était utilisé jusque-là, désignait un certain «état d'esprit» *attribué* à des personnes qui commettaient des délits particuliers, en l'occurrence des attentats. Cet état d'esprit spécifique n'était rien d'autre que la volonté de répandre la terreur, ce que l'on nommera *l'intention de terreur*.

L'intention de terreur fut le critère déterminant retenu par la Société des Nations en 1937 pour définir les actes de terrorisme, actes «dont le but ou la nature est de provoquer la terreur»[1]. Ce même critère est toujours présent dans la formulation proposée par le code pénal français dans son article 421-1 qui érige en «actes de terrorisme» toutes sortes d'infractions, «lorsqu'elles sont intentionnellement en relation avec une entreprise individuelle ou collective ayant pour but de troubler gravement l'ordre public par l'intimidation ou la terreur».

Les juristes ne furent pas les seuls à retenir l'intention de terreur comme pierre angulaire de leurs raisonnements et de leurs définitions. Politologues, sociologues et spécialistes des relations internationales adhérèrent largement à cette idée. Le cas le plus emblématique est sans doute celui d'Alex P. Schmid, l'un des experts ès terrorisme les plus réputés, qui fut contraint d'admettre que les groupuscules «terroristes» étaient difficilement en mesure de systématiser leurs actions violentes au point de placer la population en général, un groupe social en particulier ou encore les autorités dans un état de peur chronique, justifiant ainsi l'emploi du lexique de la terreur pour caractériser les actes perpétrés par les dits groupuscules. Il considéra néanmoins que ce lexique demeurait pertinent pour définir le phénomène considéré en invoquant ce poncif qu'est l'intention de terreur :

Nombre d'extrémistes sont incapables de produire un effet de terreur prolongé par des actions violentes, spectaculaires et inattendues ; cependant, le fait que leur intention soit de produire un effet de terreur est suffisant pour justifier de

---

(1) L'article 1er de la Convention pour la prévention et la répression du terrorisme de 1937 est formulé en ces termes : «Dans la présente Convention, l'expression "actes de terrorisme" s'entend de faits criminels dirigés contre un État et dont le but ou la nature est de provoquer la terreur chez des personnalités déterminées, des groupes de personnes ou dans le public.»

les placer dans la même catégorie que ceux qui y parviennent (Schmid, 1988, 19).

L'intention de terreur est ainsi le dernier rempart argumentatif derrière lequel se retranchent ceux qui comprennent qu'il est difficile de démontrer empiriquement que le «terrorisme» génère réellement de la terreur au sens psychologique du terme, c'est-à-dire un état de peur extrême qui inhibe l'action de la population et des autorités. Il s'agit toutefois d'un rempart fragile qui ne résiste pas longtemps à la réflexion.

La terreur est-elle réellement le «but» de l'action violente, comme le stipule la définition de la Société des Nations? Le législateur français l'a plus ou moins compris, la terreur pourrait éventuellement être le *moyen* de réaliser un objectif quelconque; elle n'est assurément pas la *finalité* de l'action violente. Mais une question en appelle une autre: est-ce réellement la terreur qui est le moyen par lequel se réalise une finalité quelconque, «troubler» l'ordre public dans le code pénal (ce qui, là aussi, n'est pas vraiment un but en soi)? Certainement pas; ce moyen, c'est évidemment la violence elle-même qui est intrinsèquement anxiogène, quelle que soit sa forme.

L'acte «terroriste» générerait-il plus d'anxiété qu'une autre forme de violence? Là encore, le législateur français semble avoir eu conscience qu'il s'avançait sur un terrain instable, puisqu'il s'est empressé d'ajouter «intimidation» à «terreur» dans la formulation de l'article 421-1 du code pénal. C'était une manière d'admettre le caractère hyperbolique de la notion de terreur, une manière de signifier que cette notion était vraisemblablement excessive pour qualifier l'impact psychologique réel du «terrorisme» sur la société. Cela revient également à dire que l'intention en question consiste à exercer une pression psychologique par le moyen de la force physique, ce qui relève tout bonnement du truisme, puisque l'on savait déjà que la violence est intrinsèquement anxiogène.

Le discours sur le terrorisme est un discours pauvre, pour ne pas dire insignifiant. Il induit en erreur ceux qui imaginent que les actes terroristes génèrent effectivement de la terreur – au sens psychologique du terme – dans la population et chez les autorités. Il n'apprend rien à ceux qui savent que les actes de violence suscitent nécessairement de l'anxiété, quelle que soit l'intention de celui qui les commet. Bref, ce discours ne nous dit pas grand-chose sur les intentions et les motivations de celui qui perpètre un attentat, tout en faussant notre perception de l'impact psychologique réel de la violence sur la société.

La volonté de répandre la terreur n'est donc pas nécessairement l'état d'esprit effectif dans lequel se trouve celui qui va perpétrer un attentat. Il s'agit plutôt d'une attribution subjective qui permet à ceux qui sont confrontés au surgissement de la violence dans l'espace public de lui donner un sens approximatif. C'est une solution de facilité qui permet de configurer rapidement l'expérience de la violence en intégrant dans une seule notion les trois facteurs les plus significatifs de l'acte violent : l'intentionnalité de celui qui le commet, l'impact de la violence sur la société et la perception de cet impact.

Dans le phénomène qui nous intéresse – l'attentat – il y a certes intentionnalité, impact et perception de cet impact. Gardons-nous cependant du discours qui voudrait ériger une manière de percevoir l'acte violent en seule façon de le concevoir, c'est-à-dire en avançant la terreur pour toute explication de la violence. Les attentats politiques ont été conçus *en tant que* terrorisme, parce que l'intention de terreur a été projetée sur l'état d'esprit de ceux qui les commettaient. Ce fut la seule solution que trouvèrent les juristes de la Société des Nations pour définir la notion de terrorisme, après qu'ils eurent la balourdise d'écarter les objections de Lemkin. Pour ces juristes, l'intention de terreur était une manière de concevoir la relation entre le mobile de l'acte et son accomplissement, mais pas forcément la bonne, comme des décennies de controverses relatives à la définition du terrorisme tendent à le démontrer.

Que le terrorisme soit entre-temps devenu un domaine d'étude à part entière au sein des sciences humaines, qui n'en sont pas à une errance près, ne change rien au fait que les critiques de Lemkin demeurent pertinentes : «terrorisme» est une notion approximative[1], mal définie, qui connote plus qu'elle ne dénote des actes de violence par ailleurs parfaitement intelligibles, pour autant que l'on change légèrement de perspective.

Le point de départ de la réflexion doit être l'acte lui-même, c'est-à-dire l'attentat, et non pas des conjectures mal fondées relatives à l'intention de celui qui le perpètre.

*
* *

---

(1) Plus exactement ce que Durkheim (1912, 23) nomme des prénotions, des «sortes de fantômes qui nous défigurent le véritable aspect des choses et que nous prenons pourtant pour les choses mêmes». Elles dominent les esprits en se substituant aux choses et possèdent une capacité de résistance que la père fondateur de la sociologie française évoque dans des lignes qui s'appliquent pleinement au discours sur le terrorisme : «Nous ne pouvons donc songer à mettre en doute leur existence, puisque nous la percevons en même temps que la nôtre. Non seulement elles sont en nous, mais, comme elles sont un produit d'expériences répétées, elles tiennent de la répétition, et de l'habitude qui en résulte, une sorte d'ascendant et d'autorité. Nous les sentons nous résister quand nous cherchons à nous en affranchir. Or nous ne pouvons pas ne pas regarder comme réel ce qui s'oppose à nous. Tout contribue donc à nous y faire voir la vraie réalité sociale.»

L'attentat en tant que forme
de violence politique

> Effrayer existe en toutes choses et signifie provoquer une
> frayeur par surprise. [...] Sachez saisir le rythme de la
> frayeur de vos ennemis et parvenez à la victoire grâce à
> cet avantage.
>
> Musashi Miyamoto

Pour comprendre un phénomène quelconque, il importe d'en spécifier
les contours, d'en définir les caractéristiques principales et de le diffé-
rencier des autres phénomènes qui s'inscrivent dans une même catégorie
plus générale, tout en possédant leur propre singularité et en se manifestant sous des formes particulières. En matière de violence politique, cet
examen préalable du champ phénoménal est d'autant plus nécessaire que,
depuis des décennies, le discours sur le terrorisme a totalement brouillé nos
catégories de perception et d'explication de l'usage de la force à des fins
politiques. Quoique ce discours se soit généralisé au point d'avoir envahi
les espaces médiatiques, politiques, académiques et juridiques, il n'offre
aucune base terminologique solide à une théorie de l'attentat politique, que
l'on ne peut espérer esquisser qu'en reconsidérant les fondements conceptuels de l'analyse.

Jomini (1994, 4) l'a expliqué au début du *Précis de l'art de la guerre*, le
balisage définitionnel d'un domaine de connaissance est absolument indispensable afin de s'entendre préalablement sur les diverses dénominations
utilisées pour désigner et qualifier les objets de l'analyse. Sans cette étape
initiale de la réflexion, la discussion sombre dans la confusion, les quipro-
quos s'accumulent et les prétentions analytiques se muent en bavardages
stériles. Considérons donc systématiquement le soutènement terminolo-

gique sur lequel peut se bâtir une esquisse théorique de l'attentat politique, tout en concédant, à l'instar de Jomini, que les définitions suivantes pourraient être améliorées et en étant prêt «à admettre avec empressement celles qui seraient plus satisfaisantes».

La catégorie la plus générale qui peut être avantageusement prise en considération pour l'analyse des attentats politiques est, à coup sûr, celle de la violence politique que l'on définira comme n'importe quel type de contrainte physique destinée à maintenir, subvertir ou altérer des rapports sociaux d'ordre public. Moins alambiquée que la définition classique de Harold Nieburg (1969, 13)[1], cette formulation présente également l'avantage de ne pas enfermer la catégorie générale de la violence politique dans les seules situations où la négociation – *bargaining situation* dans la définition de Nieburg – s'assortit aux actes de violence. En outre, cette formulation permet d'éviter une erreur fréquente chez les auteurs qui ne saisissent que partiellement le rapport entre la violence et la fonction qu'elle remplit : réduire la violence politique à des actes effectifs – *acts of disruption, destruction, injury* dans la définition de Nieburg – alors que ce qui importe véritablement est l'exercice de la contrainte qui peut parfaitement faire l'économie de l'actualisation de la violence.

Ici, il ne s'agit pas simplement d'évoquer la possibilité de vaincre sans combattre, selon la formule de Sun Zi (2000, 59)[2], ou de considérer, avec Clausewitz (1999, 57), que le but de l'engagement des forces peut être atteint sans combat effectif. Plus fondamentalement, il s'agit de concevoir une contrainte qui puisse s'exercer soit par une violence en acte soit par la *menace* du recours à la violence.

Qu'une violence latente puisse permettre d'atteindre le même résultat qu'une violence agissante n'a rien de surprenant, si l'on tient compte de ce trait commun à toutes les formes de violence – y compris non politiques – qui réside dans le caractère anxiogène du phénomène. À cet égard, il faut non seulement tenir compte de l'anxiété directement générée par l'acte de violence – anxiété dont le niveau varie en fonction de l'acte et de ses circonstances – mais également de l'anxiété anticipatoire qui naît de la crainte de la réitération d'un acte qui a déjà été commis ou simplement de la survenance d'un acte dont l'on devance la réalisation. Autrement dit, le phé-

---

(1) Soit des «actes de désorganisation, destruction, blessures, dont l'objet, le choix des cibles ou des victimes, les circonstances, l'exécution, et/ou les effets acquièrent une signification politique, c'est-à-dire tendent à modifier le comportement d'autrui dans une situation de négociation qui a des conséquences sur le système social.»
(2) Les traductions du début du chapitre III de *L'Art de la guerre* varient sensiblement d'un auteur à l'autre. L'idée véhiculée par le texte original ne prête cependant pas à confusion, puisqu'il est question de vaincre sans combattre les soldats ennemis. La traduction de référence de Jean Lévi rend parfaitement compte de cette idée : «soumettre l'ennemi sans croiser le fer.»

nomène de la violence est foncièrement ambivalent dans la mesure où il se déploie à la fois sur un plan physique et sur un plan psychologique.

Cette ambivalence a été commentée avec acuité par Charles Ardant du Picq (1999, 77) dans ses *Études sur le combat* :

> Dans le combat, deux actions morales, plutôt que deux actions matérielles, sont en présence ; la plus forte l'emporte. Le vainqueur, souvent, a perdu, par le feu, plus de monde que le vaincu ; c'est que l'action morale n'est pas seulement en raison de la puissance de destruction, réelle, effective, elle *est, en raison surtout de cette puissance, présumée, menaçante*, sous forme de réserve menaçant de renouveler le combat, de troupes paraissant à droite ou à gauche, d'attaque de front résolue.

Ardant du Picq raisonnait sur le plan du combat collectif, c'est-à-dire au niveau de la bataille. Plusieurs siècles auparavant, l'auteur du *Traité des cinq roues*, cité en exergue de ce chapitre, avait développé des vues à la fois similaires et plus profondes, en les axant sur le combat individuel, en l'occurrence le duel de samouraïs.

Chez Musashi Miyamoto (1983, 114) l'ascendant psychologique qui permet de remporter la victoire ne repose pas tellement sur l'existence d'une force inactive qui peut être engagée dans la confrontation – la «réserve» chez Ardant du Picq – mais plutôt sur la perception d'une supériorité de l'adversaire qui entraîne la défaite de celui qui ne se sent pas en mesure de résister. Le «rythme de la frayeur» signifie que l'un des deux duellistes laisse libre cours à l'ascendant moral de son compétiteur. Dans ces conditions, l'origine de la défaite ne réside pas vraiment dans le coup qui a affecté la combativité de l'un des protagonistes ; elle se situe plus fondamentalement dans la *crainte du coup suivant* qui va sanctionner cette défaite. Le rythme – *hyoushi* (ひょうし, 拍子) qui peut tout aussi bien signifier «moment» ou «occasion»[1] – de la frayeur correspond donc à une opportunité, c'est-à-dire une conjoncture favorable qui est engendrée par l'anticipation d'une violence qui, dans les faits, n'est pas encore actualisée sous la forme du coup décisif. Quant à la «frayeur», présente «en toutes choses» selon Musashi, elle est un potentiel qui, judicieusement exploité, permet de subjuguer l'adversaire en engendrant une contrainte morale à partir d'un effort physique.

Chacun à leur manière, Ardant du Picq et Musashi expliquaient que l'épreuve de force physique ne doit pas masquer l'épreuve de force morale, qui est le véritable enjeu du combat, tout comme la violence en acte ne doit pas voiler la *menace* de la violence, qui est le véritable ressort de la contrainte. Plus généralement, ce lien indissoluble entre assujettissement

---

(1) 宮本武蔵 [Musashi Miyamoto], 五輪書 [Traité des cinq roues], www.geocities.jp/yassakasyota/koten/gorinsyo.pdf.

psychologique et force physique – active ou latente – se retrouve dans toutes les formes de violence, le phénomène se définissant fondamentalement par l'usage de la contrainte.

Cette acception très générale du phénomène ouvre largement le champ de la violence politique qui peut se présenter sous les formes les plus diverses : la guerre, le crime de guerre, la guérilla, l'insurrection, le coup d'État, l'émeute, la manifestation belliqueuse, la mutinerie, la jacquerie, certaines formes de vandalisme ou d'hooliganisme, l'administration ordinaire de la justice et de la police, l'usage excessif de la force publique, les violences répressives extrêmes (la « terreur d'en haut » si l'on préfère) et enfin les violences armées clandestines (la « terreur d'en bas ») qui se manifestent le plus souvent sous la forme d'attentats.

Une définition trop large de l'attentat présente le risque de noyer la notion dans l'ensemble des violences illicites à motivation politique perpétrées contre des biens et des personnes, c'est-à-dire dans l'ensemble des formes précédemment énumérées à l'exception de la guerre et de l'administration ordinaire de la justice et de la police. On lui préférera une définition plus étroite spécifiant une modalité précise de l'action violente. Avant de tenter une telle formulation, il importe d'identifier les traits caractéristiques des autres formes de violence politique que ne possède pas l'attentat.

L'attentat ne possède pas le trait dominant qui caractérise la guerre, la guérilla, l'insurrection, la mutinerie, la manifestation belliqueuse, voire le coup d'État, à savoir le combat. Celui qui le perpètre ne cherche pas l'affrontement direct ; il cherche au contraire à infliger dommages et ravages dans le cadre d'une action clandestine. Mais on ne saurait nier que l'attentat puisse participer à l'une ou l'autre de ces formes de violence. Les exemples historiques sont nombreux ; n'en citons qu'un seul, l'envoi d'une lettre empoisonnée au prince Eugène de Savoie lors du siège de Lille en août 1708.

L'attentat n'a pas le caractère spontané que présentent l'émeute ou la jacquerie et, parfois, l'usage excessif de la force publique. Qu'il soit perpétré individuellement ou collectivement, il est le produit d'une planification et d'une réflexion – au moins minimale – sur son impact. Il est nécessairement prémédité.

L'attentat ne bénéficie généralement pas de la marge de tolérance accordée à l'exercice de certaines violences commises dans le cadre de manifestations belliqueuses ou d'émeutes. Certes, ces dernières violences demeurent illicites, mais elles sont très rarement réprimées à la hauteur des moyens dont dispose l'État. Le cas de la manifestation belliqueuse illustre le propos, puisqu'elle n'est rien d'autre qu'une parodie de bataille rangée dans le cadre de laquelle l'un des protagonistes (les unités de maintien de l'ordre) cherche généralement plus à limiter l'usage de sa force afin de préserver son adversaire (le manifestant violent) que de lui porter préjudice. De même, certaines violences collectives bénignes, tout comme la plupart des actes de vandalisme, sont sanctionnés par des peines relativement légères prononcées par des tribunaux qui semblent admettre le caractère semi-ludique des actes considérés. Par contre, l'attentat apparaît comme une menace sérieuse à l'ordre public en raison du registre d'actions qu'il mobilise et des intentions prêtées à celui qui le perpètre.

L'attentat ne s'inscrit pas dans un registre d'actions linéaires et continues, tel que celui qui caractérise la plupart des formes de violences politiques précédemment énumérées. Il en résulte deux conséquences importantes. D'une part, un attentat, ou une succession d'attentats, ne permet pas d'assurer à son auteur un quelconque contrôle sur un espace déterminé, ce qui est un objectif commun au militaire, au guérillero, à l'insurgé, au putschiste ou même, à une échelle plus limitée et temporaire, à l'émeutier et au manifestant violent. On pourrait donc dire que l'auteur d'un attentat peut parfaitement posséder le «caractère tellurique» prêté au partisan par Carl Schmitt (1992, 302) – il «défend un coin de terre» – mais qu'il ne pourra jamais réaliser son objectif par le seul registre d'actions qu'il mobilise. D'autre part, lorsque l'attentat s'inscrit dans une épreuve de force engagée avec l'État, le principe de réciprocité de l'action présente la particularité d'être différé et non pas simultané ; ce n'est à vrai dire qu'une autre manière de considérer l'absence du combat dans ce registre d'actions de la violence politique.

Sur la base des éléments qui précèdent, proposons la définition suivante de l'attentat politique : un acte de violence planifié, clandestin et sporadique, dirigé contre des biens ou des personnes dans l'intention d'exercer une influence significative sur des rapports sociaux d'ordre public et perçu comme une entreprise suffisamment sérieuse (anxiogène) pour présenter une menace à la stabilité et la pérennité de ces rapports.

Afin de préciser le phénomène auquel renvoie cette définition, il convient également de prendre en considération le registre d'actions mobilisé par ceux qui perpètrent des attentats. Un attentat peut certes se commettre au moyen de n'importe quel type d'armes, y compris des armes par destination, tel le tranchet avec lequel Léon Léauthier frappa le premier bourgeois venu, le 13 novembre 1893 à Paris, ou, à une autre échelle, tels les avions de ligne utilisés par les auteurs des attaques du 11 septembre 2001 aux États-Unis. Mais la plupart des attentats sont commis en recourant à une panoplie d'instruments d'agression déterminés que l'on peut classer en cinq grandes catégories : armes blanches, armes à feu, explosifs, moyens incendiaires et poisons au sens large du terme. Le moyen utilisé configure l'attentat tant sur le plan du *modus operandi* que sur celui de la perception de l'acte par celui qui le perpètre et par ceux qui le subissent.

Autrement dit, l'utilisation d'un instrument au sein de la panoplie doit être envisagée à la fois au niveau des dommages infligés et à celui des représentations de la violence induites par la forme qu'elle revêt.

L'annexe historique en fin de volume fournira plus d'informations sur les usages passés et présents de ces méthodes d'action qui ne feront l'objet, dans l'immédiat, que des considérations générales suivantes.

La plus ancienne de ces méthodes n'est jamais totalement tombée en désuétude, et probablement pas uniquement parce que les armes blanches sont les plus faciles à se procurer et à manier. Leur usage revêt apparemment une signification particulière pour ceux qui les préfèrent aux armes à feu, ou qui les utilisent conjointement à d'autres moyens létaux, peut-être parce qu'elles sont les seules qui permettent un contact direct entre l'assaillant et sa victime. À cet égard, il existe un imaginaire de l'arme blanche qui doit être pris en considération pour expliquer les motivations de ceux qui choisissent de faire couler le sang en y mettant littéralement la main.

L'incendie criminel est, pour sa part, une méthode marginale qui est tout de même retenue dans le registre d'actions de l'attentat politique pour deux raisons. D'une part, parce que l'incendie est mentionné dans la liste des «infractions terroristes», depuis les travaux des juristes de la Société des Nations et jusqu'à la décision-cadre du Conseil de l'Union européenne du 13 juin 2002, relative à la lutte contre le terrorisme. D'autre part, parce que plusieurs cas historiques présentent un intérêt en raison des combinaisons complexes qui les caractérisèrent ou des conséquences qu'ils ont générées: incendies du Reichstag (27 février 1933), de la mosquée al Aqsa (21 août 1969) ou encore du cinéma Rex à Abadan, en Iran (19 août 1978).

Beaucoup plus fréquent que l'incendie, l'usage d'explosifs est la méthode par excellence pour perpétrer des attentats depuis la fin du XIXe siècle. Le poseur ou lanceur de bombe, plus récemment la bombe humaine, personnifie le «terroriste», même si récemment le forcené tirant dans la foule s'est également imposé dans l'imaginaire collectif. La bombe possède toutefois un impact qui lui est propre, non pas uniquement par son pouvoir de destruction, mais aussi parce que le retentissement de l'explosion contribue à son écho médiatique.

Le poison est tout au contraire une arme on ne peut plus discrète, mais aussi, historiquement, l'arme déloyale par excellence. On y intégrera toute substance chimique, biologique, radiologique ou nucléaire (CBRN) – du moins dans le cas de la dispersion de matière radioactive – intentionnellement disséminée en vue de porter préjudice. Selon les substances utilisées, leur mode de dissémination, l'efficacité de l'attaque et les cibles visées, ce registre spécifique d'actions recèle aujourd'hui des potentiels qu'il ne possédait précédemment pas, ce qui introduit indubitablement un élément de rupture dont il est difficile d'évaluer le poids qu'il va peser dans le renouvellement du registre d'actions de l'attentat politique.

L'indécision du propos ne relève pas du faux-fuyant. L'évaluation du risque en la matière est des plus délicates, et on ne saurait trop se défier des avis catégoriques, surtout lorsqu'ils ne sont pas suffisamment étayés par les connaissances techniques requises. Mais, dans un même temps, on ne saurait réduire les risques présentés par des armes CBRN à une question purement technique relevant des difficultés à se les procurer, à les militariser (c'est-à-dire les combiner à un système de dissémination) et à les engager efficacement. Ce serait négliger le facteur psychologique. Or ce facteur joue un rôle significatif lorsque les substances instrumentalisées en vue de nuire exercent une action insidieuse et pernicieuse sur l'organisme, réactivant la crainte séculaire de l'empoisonnement. William Clark (2008,186), professeur d'immunologie et auteur d'une étude de référence sur le bioterrorisme, a donc tort lorsqu'il affirme que «rien ne suggère» que le niveau de la crainte générée par une arme biologique soit supérieur à celui résultant de l'explosion de «bombes bien placées». En la matière, il est plus raisonnable de se fier au jugement de Susan Jones (2010, 273) qui, dans une remarquable étude sur la maladie du charbon, écrit :

> Fondamentalement, ce qui compte c'est *l'idée* que B. *anthracis* est dangereuse et peut affecter quiconque. C'est là que le cycle de vie de B. *anthracis* se croise avec sa capacité à générer la peur. Qu'est-ce qui pourrait être plus effrayant qu'un organisme qui doit tuer son hôte mammifère pour se propager ? [...] La peur et l'anxiété attachées à un usage prémédité de la maladie du charbon ont créé beaucoup plus d'effets que les ravages de la bactérie.

La charge anxiogène des armes CBRN n'est pas l'unique raison qui les a érigées en véritable hantise des services de sécurité. Beaucoup plus difficiles à se procurer, à déployer et à engager que les armes conventionnelles, leur emploi pour perpétrer un attentat signifierait une totale déconfiture pour les dits services.

✻
✻ ✻

Dans quels cas un attentat
est-il politique ?

> — Si chacun de vous était au courant d'un projet d'assas-
> sinat politique, irait-il le dénoncer, prévoyant toutes les
> conséquences, ou resterait-il chez lui à attendre les évé-
> nements ? [...]
> — Je ne dénoncerais pas.
> — Et si vous saviez que quelqu'un veut tuer et voler un
> autre, un simple mortel, vous le dénonceriez bien, vous
> avertiriez ?
> — Naturellement, mais c'est un cas de droit commun, alors
> que là ce serait une dénonciation politique.
>
> Dostoïevski

Répondre à la question de la nature politique d'un attentat relève d'un processus interprétatif qui est plus complexe qu'il n'y paraît. À vrai dire d'autant plus complexe qu'il existe deux manières sensiblement diffé-rentes de donner une réponse à cette interrogation.

La première a toutes les apparences d'un raisonnement tautologique, puisqu'elle consiste à admettre le caractère politique d'un attentat à partir du moment où il est considéré et qualifié en tant que tel par des personnes suffisamment influentes pour imposer cette idée dans l'opinion. C'est ce processus qui est à l'œuvre lorsque les médias s'interrogent sur le carac-tère « terroriste » d'un acte de violence, ce qui n'est qu'une autre façon de formuler la question qui nous intéresse. Dans ces circonstances, les jour-nalistes attendent du policier, du juge, de l'expert ou du politique qu'il lève le doute, sans cependant exiger que le dilemme soit tranché par une argu-mentation serrée justifiant la réponse apportée. Autrement dit, un argu-ment d'autorité suffit le plus souvent à discriminer ce qui est « terroriste » et ce qui ne l'est pas, donc à dire là où l'action est politique et là où elle ne l'est pas.

Le principe même de l'argument d'autorité permet à celui qui l'énonce de ne pas motiver son jugement, sans même le besoin d'exposer les critères qui l'étayent. Un jugement spontané peut avoir toutes les apparences d'une analyse rigoureuse et raisonnable, pour autant que celui qui le porte puisse se reposer sur des jugements du même type précédemment émis (par lui-même ou par une autorité indirecte) et pour autant qu'il ne soit pas contraint de développer ses idées, *a fortiori* s'il en a peu. Ceux qui font autorité ont ainsi pris l'habitude de classer les actes de violence dans différentes catégories, de manière plutôt intuitive, selon des critères mal définis et des raisonnements implicites. Ceux qui les interrogent ou les écoutent s'en accommodent dans la mesure où ils partagent cette approche spontanée qui laisse au bon sens le soin de catégoriser le réel sans inutilement compliquer les choses.

Sous cette approche, la définition politique de l'attentat est de nature fondamentalement conventionnelle, c'est-à-dire que c'est *parce que* le plus grand nombre s'accorde à voir dans un acte de violence un acte politique qu'il le devient effectivement. La première réponse à la question qui donne son titre à ce chapitre est donc moins tautologique qu'il le paraissait au premier abord, puisqu'une vérité conventionnelle est autre chose qu'une évidence. Mais elle demeure insuffisante dans la mesure où elle ne nous apprend rien sur les critères implicites qui sont au principe de la catégorisation spontanée de la violence politique.

La seconde manière de répondre à notre interrogation consiste à examiner l'articulation des trois facteurs principaux qui caractérisent un attentat : la nature de la cible visée, les motivations de celui qui le perpètre et son *modus operandi*. On laissera pour l'instant de côté un quatrième facteur qui réside dans l'impact de l'attentat, dans la mesure où cet impact est largement tributaire du classement de l'acte selon qu'il soit situé en dehors ou en dedans de la catégorie des violences politiques.

Le premier facteur ne nous fournit pas un critère décisif, dès lors que la nature de la cible ne suffit pas à caractériser l'attentat politique. Un homme politique, y compris parmi les plus importants, peut parfaitement être victime d'un attentat sans raison authentiquement politique. Ce fut le cas de James A. Garfield, 20ᵉ président des États-Unis, tué le 19 septembre 1881 par Charles J. Guiteau pour lui avoir refusé un poste. Dans un même ordre d'idée, bon nombre de victimes d'attentats n'ont rien à voir avec le monde politique, tout en étant sacrifiées à des passions résolument politiques.

Est-ce à dire que les motivations de l'auteur de l'acte offrent un critère décisif à la catégorisation de la violence ? S'il est certain que ce facteur fournit un terrain plus solide au jugement, on ne saurait ignorer les problèmes qu'il pose lorsque le discernement du sujet est en cause. En effet, par analogie avec les crimes de droit commun, ne faudrait-il pas considérer qu'un attentat ne saurait être authentiquement politique lorsque celui qui le commet est en état de démence au moment des faits ?

La question s'est posée dans toute son acuité lors du procès de Paul Gorguloff qui avait assassiné le président de la République Paul Doumer, le 6 mai 1932. Sa responsabilité pénale étant reconnue, Gorguloff n'échappa pas à l'échafaud, mais le moins que l'on puisse dire est qu'il était confus, incohérent et délirant. Pour obtenir sa condamnation, le procureur général Charles Donat-Guigue chercha à convaincre les jurés de la Seine que l'accusé avait suivi une logique politique : «Crime monstrueux, mais crime logique[1].» Le critère invoqué par le procureur n'était pas absurde, mais, dans le cas de Gorguloff, la logique en question était plutôt difficile à suivre.

Une première justification de son geste figurait dans un texte rédigé la veille de l'attentat et intitulé *Mémoires du docteur Paul Gorguloff, chef-président du parti politique des Fascistes russes qui a tué le Président de la République française*. Son auteur le renia cependant lors de son procès en proclamant «ces choses sont pas de mon âme... c'est quelqu'un qui a écrit, l'autre...[2]» Cet «autre», qui n'était qu'un autre lui-même, intervenait également dans les raisons invoquées devant les jurés pour expliquer son acte :

> Moi je suis apôtre de mon idée. Je vous dirai les motifs exacts qui ont été pour faire cet attentat. Cet attentat c'est une grande protestation de cent cinquante millions d'esclaves russes qui restent là-bas, en Russie sous la tyrannie communiste. [...] Et puis l'autre motif. Le gouvernement français il a envoyé quelques hommes français, des provocateurs monarchistes pour tuer mon idée politique. [...] Ils ont détruit mon parti politique : ils ont volé mes papiers politiques, finalement j'ai vu que le gouvernement français a tué mon idée politique. [...] Moi, en mon âme, mon juge inconnu il me juge plus terrible que tous les juges du monde. Il m'a donné cette idée. Il m'a commandé : Écoute Paul, il faut que tu victimeras, il faut se victimer pour cette idée. [...] J'ai bien voulu organiser ce grand monde de cent millions de paysans russes qui jamais a été organisé, et puis pourquoi donc le gouvernement français cette belle idée il a tuée, cinq millions ont été tués et moi, moi, vous tuerez, mais pas mon idée[3].

Contrairement à ce que prétendit le procureur lors du procès, Gorguloff ne simulait pas la démence ; son avocat, Me Henri Géraud, le définit beaucoup plus justement comme un mégalomane, atteint de paranoïa, qui était en réalité incapable d'expliquer la logique qui reliait ses idées politiques

---

(1) *Compte rendu des débats de la cour d'assises de la Seine, audiences des 25-26-27 juillet 1932. Affaire Gorguloff*, Melun : Imprimerie administrative, 1932, p. 335.
(2) *Ibid.*, p. 73.
(3) *Ibid.*, pp. 81-84.

confuses et son acte, si ce n'est par l'intervention de ce «juge inconnu» qui habitait son âme. L'attentat qu'il avait perpétré avait incontestablement une composante politique, mais c'était l'acte d'un forcené qui tenait des propos délirants au point de faire douter de la cohérence de ses actions.

L'attentat de Gorguloff est un cas limite qui se situe aux frontières de l'attentat politique. En l'occurrence, cette frontière ne se détermine pas tellement sur la base de l'état mental de l'auteur de l'attentat, mais sur celle de la logique et de la rationalité qui prévalent au passage à l'acte. Des exemples mettant en perspective comparative plusieurs actions de forcenés dirigées contre des institutions politiques permettront de préciser la nuance.

L'attaque de l'hôtel du Parlement du Québec, le 8 mai 1984, par Denis Lortie procédait d'une rationalité politique chancelante. Sans aller jusqu'à complètement adhérer à la thèse de la «valeur de parricide» de l'attentat soutenue par Pierre Legendre (1989, 127), on peut admettre que «l'acte fou» de Lortie projetait sur l'espace public une «folie privée». Guidé par une lumière, apparaissant éperdu et affirmant qu'il capotait (perdait la tête) sur les images filmées lors de l'attaque, agissant de manière désordonnée, confessant «ce n'est pas moi qui fais cela, c'est mon esprit» au sergent d'armes du Parlement qui parvint à le persuader de se rendre[1], Denis Lortie agissait aux antipodes de l'action rationnelle.

Auteur de la tuerie de Nanterre du 27 mars 2002, Richard Durn était certainement moins atteint mentalement que Lortie, ou du moins l'était-il différemment dans la mesure où, pour reprendre une expression d'une journaliste de *Libération*, il commit une «tuerie réfléchie»[2]. Les aveux qu'il passa avant de se suicider attestent en effet un choix mûrement pensé, un *modus operandi* maîtrisé et une démarche cohérente, même si elle s'inscrivait dans un état dépressif et morbide. Une phrase de ses aveux permet de comprendre que les doubles malfaisants invoqués par Gorguloff et Lortie étaient absents chez Durn: «J'ai toujours vécu dans une prison mentale dont j'étais le propre geôlier[3].»

Si son acte se situe aux frontières de l'attentat politique, tout comme celui de Gorguloff, c'est pour une raison différente. Le tueur de Nanterre était plus cohérent et rationnel que l'assassin de Doumer, mais ses motivations politiques ne l'emportaient pas sur un mobile beaucoup plus égoïste. Certes, Durn déclara aux policiers qu'il voulait éliminer une «mini-élite locale» parce qu'il ne supportait plus cette «mascarade de démocratie locale»; il avançait pourtant une autre raison à son geste dans une lettre écrite à sa mère, la veille de la tuerie: «Je dois crever au moins en me sen-

---

(1) «Le 8 mai de René Jalabert», *Revue parlementaire canadienne*, automne 1984, p. 20.
(2) *Libération*, 4 avril 2002.
(3) *Ibid.*

tant libre et en prenant mon pied. C'est pour cela que je dois tuer des gens. Une fois dans ma vie, j'éprouverai un orgasme[1]. »

Le massacre perpétré au Parlement du canton de Zoug, en Suisse, par Friedrich Heinz Leibacher, le 27 septembre 2001, présente de nombreuses analogies avec l'acte de Durn. L'action était parfaitement rationnelle, minutieusement planifiée et méthodiquement exécutée[2], tout comme on pourrait le dire de la tuerie de Nanterre ; l'attentat de Leibacher s'en distingue cependant par une accentuation de sa composante politique. Le tueur de masse de Zoug souffrait assurément de troubles de la personnalité, mais ils étaient résolument orientés vers un objet politique qui devint progressivement une idée fixe, puis mortifère. Chez Leibacher s'est joué à l'échelle individuelle le schéma classique que l'on nomme, de manière plus ou moins approximative et plus ou moins réfléchie selon les cas, un processus de radicalisation. Tout débuta par une banale altercation avec un chauffeur de bus, suivie d'un imbroglio juridique dans lequel Leibacher discernait un complot fomenté contre lui. Le rejet de l'avalanche de plaintes qu'il déposa contre le chauffeur et différentes personnalités publiques développa sa quérulence qui s'exacerba en une vindicte meurtrière revendiquée dans un communiqué justifiant le « jour de colère » subi par la « mafia de Zoug » (*Tag des Zornes für die Zuger Mafia*).

Ce texte d'une page dactylographiée, ayant les apparences d'une revendication d'un attentat politique, présentait son acte comme la réaction d'un citoyen maltraité en butte à l'hostilité et à la malveillance d'un système politique et judiciaire oppressif. On y comprend que chaque insuccès rencontré dans les procédures judiciaires qu'il avait engagées conduisait Leibacher à la certitude que le milieu dans lequel il tentait de faire valoir ce qu'il considérait comme ses droits était un « nid de pirates » et de « criminels ». Il n'attaqua pas le Parlement de Zoug parce qu'il rejetait l'autorité, comme le veut une interprétation trop rapide de son acte, mais parce qu'il s'était progressivement forgé la représentation d'un milieu dans lequel les autorités politiques et judiciaires ne remplissaient plus leur fonction et devoirs envers les citoyens.

Le texte de revendication laissé par Leibacher permet d'entrevoir la raison pour laquelle la composante politique d'un tel acte ne s'impose pas à l'entendement commun. Le milieu évoqué dans ce texte – la « mafia de Zoug » – correspond à une vision tronquée des institutions politiques et judiciaires que nous ne pouvons percevoir exactement dans la même perspective que Leibacher, puisque nous n'entretenons forcément pas les mêmes griefs à son égard. *Forcément*, parce que le tueur s'est construit son

---

(1) *Libération*, 18 janvier 2008.
(2) *Untersuchungsrichterlicher Schlussbericht zum Attentat vom 27. September 2001 im Regierungs-gebäude des Kantons Zug*, Sept./Okt. 2003, p. 23.

propre espace public en le modelant en fonction des déboires qu'il endurait ou pensait endurer. Son acte procédait de griefs privés, projetés sur un espace public que nous ne saurions exactement reconnaître dans l'évocation qu'il en proposa, quand bien même nous n'avons pas une haute opinion de la sphère politique ou de l'administration judiciaire.

Dès lors, faut-il reprendre la distinction établie par Pierre Legendre (1989, 62), qui voulait discriminer le crime de Lortie des «actes terroristes», en opposant «folie privée» et «folie politique» qui, toutes deux, peuvent occasionnellement manœuvrer sur un même terrain institutionnel ? Il faudra reconsidérer cette question dans une des sections suivantes consacrée aux logiques d'action individuelles et aux logiques d'action collectives. Pour l'instant, il suffit de légèrement reformuler la terminologie de Legendre en reprenant l'ancienne notion d'*attentat privé* pour dire que les institutions publiques peuvent être affectées par des actes dont l'intelligibilité politique se concentre dans la logique de celui qui les commet.

Qu'un attentat privé puisse posséder une composante politique, plus ou moins accentuée, selon sa cible est une chose suffisamment évidente pour ne pas exiger une longue démonstration. Mais peut-on considérer l'existence de cette composante politique lorsque la cible de la violence d'un attentat privé se situe hors du champ politique institutionnel ?

La réponse sera négative si l'on adopte un point de vue qui identifie le champ politique au lieu où se joue des rapports de pouvoir et d'opposition idéologique à l'échelle globale d'une société ou, du moins, d'une communauté sociale suffisamment complexe pour impliquer une délégation politique. La réponse sera plus nuancée si l'on tient compte du point de vue de l'auteur de l'attentat dont la cible s'inscrit dans un horizon d'intelligibilité qui lui est propre et auquel le champ politique institutionnel n'appartient pas nécessairement. Si l'attentat politique se définit en fonction de l'intention d'exercer une influence significative sur des rapports sociaux d'ordre public, il importe de systématiquement s'interroger sur la perception que l'agresseur possède du milieu dans lequel il évolue et sur l'effet qu'il attend de son acte.

La frontière entre la tuerie de masse et l'attentat politique est ainsi moins évidente à tracer que l'on peut l'imaginer au premier abord. Le massacre perpétré dans une église de Charleston, le 18 juin 2015, est certainement à situer du côté des attentats politiques si l'intention de Dylann Roof était effectivement de «déclencher une guerre entre les races» aux États-Unis. On peut tout aussi certainement placer de l'autre côté de cette frontière la tuerie perpétrée six ans plus tôt par Michael K. McLendon qui tua cinq membres de sa famille puis tira au hasard sur des passants dans le comté de Geneva, en Alabama. Mais où exactement situer l'acte de Nordine Amrani qui lança des grenades et tira dans la foule à Liège, le 13 décembre 2011 ? Ou les pulsions apocalyptiques et suicidaires des lycéens de Columbine et d'Emsdetten qui visaient, ni plus ni moins, qu'à détruire *leur* monde, c'est-à-dire annihiler ce qui avait constitué leur environnement social ? Ou encore cette masse d'autres forcenés qui veulent « régler leurs comptes avec la société » (Hassid, Marcel, 2012, 50) ?

Olivier Roy (2014, 116) a soulevé la question afin d'étayer sa thèse d'un « nihilisme générationnel », impliquant une même « structure » et une « concomitance » entre les attentats d'Al-Qaida et les massacres perpétrés par des lycéens occidentaux. Si la thèse est contestable et l'explication en terme de nihilisme un peu courte, la question est en revanche intéressante.

Évaluer l'éventuelle composante politique d'un attentat privé n'est pas chose aisée, et il ne saurait y avoir d'autre règle que celle qui consiste à prendre en considération le mobile de l'auteur de l'acte, son *modus operandi* et la nature de sa cible. Tout comme pour les attentats dont le caractère pleinement politique ne prête pas à discussion, c'est en articulant ces trois facteurs que l'on maximise ses chances de donner un début d'explication au sens de la violence.

�֍

✤ ✤

Les trois temps de l'attentat

Un tyran avait un abcès qui fût percé par le poignard d'un homme venu pour l'égorger. Ce tyran dut-il le remercier de ce qu'un mal, devant lequel l'art des médecins avait reculé, se trouvait guéri par l'assassinat ? Tu vois que le résultat importe assez peu, car je ne puis regarder comme bienfaiteur quiconque, voulant me nuire, m'aura servi. Au hasard appartient le bienfait, à l'homme l'offense.

Sénèque

Examinant les attaques du 11 septembre dans la perspective de leur traitement médiatique, Daniel Dayan (2006, 7) observe qu'elles ne constituèrent pas l'événement lui-même mais le «prélude» d'une dramaturgie enflammant, dans un second temps, l'espace public. Observation pertinente, mais qui mérite d'être légèrement amendée : un attentat politique est le deuxième acte d'un drame qui a été initialement composé en marge de l'espace public et qui, lorsqu'il envahit ce dernier, se poursuit dans un troisième acte qui échappe largement à celui qui a conçu et/ou perpétré l'attentat.

Le premier acte correspond au *temps de la préparation* de l'attentat, le deuxième au *temps de sa perpétration* et le troisième au *temps indéterminé de son impact.* Chacun de ces trois actes se joue selon une temporalité qui lui est propre.

Variable d'un attentat à l'autre, le temps de la préparation est la période durant laquelle l'acte s'inscrit dans un futur qui correspond à un horizon d'attente pour celui qui le projette et à un aléa pour ceux qui doivent le prévenir. Si toute l'énergie du premier peut se concentrer sur l'accomplissement de l'acte qu'il projette, l'énergie des seconds se disperse inévitablement dans toutes les directions d'où peut provenir le danger. On pourrait logiquement considérer que les chances de prévenir un attentat augmentent proportionnellement au temps de sa préparation. Toutefois, l'avantage que procure la clandestinité réduit considérablement ces chances, tout particulièrement dans le cas où celui qui projette d'agir n'a encore jamais frappé. L'action clandestine offre ainsi une supériorité initiale à l'acteur qui décide quand et où il agit et possède donc l'initiative. Il faudra revenir sur cette importante question de l'anticipation de l'attentat et des représentations du danger, question attachée aux catégories du *risque* et de la *menace* et dont procède une autre catégorie essentielle à la compréhension de la violence armée clandestine : l'anxiété anticipatoire.

Entre le temps de la préparation et le deuxième acte du drame que constitue un attentat se situe une étape intermédiaire que l'on nommera la *phase opérationnelle*. Si elle n'appartient plus vraiment à la phase préparatoire de l'acte, on ne saurait considérer qu'elle se confond entièrement avec le temps de la perpétration de l'attentat. Une bonne raison justifie cette nuance : tant qu'il n'est pas effectivement perpétré, un attentat peut plus ou moins lamentablement échouer. Le détournement du vol UA 93 lors des attaques du 11 septembre l'illustre on ne peut mieux. Alors que les trois autres commandos parvinrent à remplir la mission qu'ils s'étaient assignés, les membres du quatrième commando furent neutralisés par les passagers du vol UA 93 qui, en se sacrifiant, firent échouer l'attentat qui devait parachever le spectaculaire outrage infligé aux États-Unis.

La phase opérationnelle d'un attentat est délicate à négocier pour celui qui le perpètre ; à la fois parce qu'il est soumis aux aléas que Clausewitz nommait «frictions» dans le registre différent de la guerre et parce qu'il entre dans une phase de vulnérabilité durant laquelle la clandestinité n'offre plus complètement son égide. C'est au cours de cette phase opérationnelle que les mesures passives prises par les autorités sont susceptibles d'enrayer l'action meurtrière en voie d'accomplissement ou que le hasard et l'impéritie peuvent ruiner un projet mortifère. Les exemples ne manquent pas : la cinquième tentative d'assassinat d'Alexandre II qui échoua parce que Makar Vassilievitch Teterka, qui ne possédait pas de montre, arriva en retard pour faire exploser la mine placée sous le Pont de Pierre de Saint-Pétersbourg (17 août 1880) ; la bombe de Johann Georg Elser programmée pour exploser dans une brasserie de Munich où Hitler prononçait un discours qu'il écourta exceptionnellement (8 novembre 1939) ; l'humidité qui détériora une partie de la charge actionnée au passage de la voiture du général de Gaulle à Pont-sur-Seine (8 septembre 1961) ; le déclenchement prématuré de la ceinture d'explosifs que portait la militante tamoule qui fut interceptée par les gardes du corps de Chandrika Kumaratunga (18 décembre 1999) ; Sid Ahmed Ghlam se blessant lui-même en tuant une malheureuse qu'il imaginait vraisemblablement entraver l'attentat qu'il projetait contre une église de Villejuif (19 avril 2015); l'attaque avortée de Nadir Soofi et Elton Simpson contre le centre culturel de Garland, au cours de laquelle ils furent abattus par les forces de sécurité avant de pouvoir pénétrer dans le bâtiment (3 mai 2015).

La phase opérationnelle culmine avec le *temps de la perpétration* proprement dit. Temps de l'accomplissement pour l'auteur de l'attentat, il est le temps de la surprise et de la consternation pour la société qui le subit. Comparativement aux deux autres temps considérés, il est le plus fugace. L'action clandestine impliquant l'évitement de l'engagement et une durée aussi brève que possible dans l'accomplissement de l'acte, la soudaineté est de règle dans la perpétration d'un attentat, alors que la prolongation de l'action relève de l'exception.

La brièveté du temps de la perpétration offre à l'attentat toute sa force éruptive dans l'espace public. La *Revue des deux mondes* le signifiait avec plein d'à-propos après l'explosion des bombes de Felice Orsini qui manquèrent de tuer Napoléon III, le 14 janvier 1858: «Un instant auparavant, tout était calme; en quelques secondes, ces abords d'un théâtre étaient convertis en un lieu lugubre teint du sang des victimes et plein d'anxiété.» (Salomé, 2010, 16).

Alors que la brièveté de l'acte relève d'une contrainte opérationnelle inhérente à l'action clandestine, sa force éruptive recèle tout son potentiel de perturbation de l'ordre et de l'espace public. Cette ambivalence du temps de la perpétration a des implications sensiblement différentes selon le point de vue que l'on adopte.

Pour celui qui agit clandestinement, le seul moyen de pallier son infériorité tactique, tout en prolongeant le temps de l'action immédiate, consiste à enchaîner des opérations successives. Les attaques du 11 septembre furent planifiées et partiellement réalisées en suivant ce principe qui permit de maintenir momentanément l'incertitude relative à la fin effective de l'attaque et donc de différer le retour à la normale, c'est-à-dire la stabilisation de l'espace public.

Les attentats commis à Paris les 7 et 8 janvier 2015 répondaient également à un principe identique, mais en diversifiant les *modi operandi* (une tuerie collective et une prise d'otages) et en ébauchant une combinaison opérationnelle sérielle dont la prétention semblait être d'engager une véritable campagne d'attentats (du moins dans la perspective d'Amedy Coulibaly). L'enchaînement rapide des deux opérations fit passagèrement craindre une subite saturation de l'espace public par la violence, qui se serait manifestée sous deux formes complémentaires: la difficulté des services de sécurité à mobiliser leurs ressources pour faire face à toutes les attaques et l'absence d'un retour à la normale après l'attentat initial. Les attaques parisiennes du 13 novembre 2015 tentèrent également de provoquer une telle saturation en multipliant des opérations simultanées. Quoiqu'elles fussent parvenues à créer un chaos momentané, elles échouèrent à pleinement accomplir leur objectif immédiat, à la fois parce que l'attaque contre le stade de France avorta – réduisant ainsi l'impact du choc éruptif – et parce que les assaillants ne disposaient pas des capacités opérationnelles pour effectuer rapidement une nouvelle frappe après avoir provoqué un éphémère bain de sang[1].

Pour la société qui subit l'attentat, son caractère éruptif génère une double attente ainsi qu'une crainte. Une première attente réside dans la demande d'explications que suscite la perturbation de l'espace public ; la seconde dans un retour au bon ordonnancement de cet espace. Quant à la crainte, elle n'est autre que celle de la réitération d'attentats qui perturberaient durablement le fonctionnement routinier des institutions sociales et politiques et plus généralement la vie quotidienne. Les informations relatives aux enquêtes en cours – aussi approximatives soient-elles – la parole politique – aussi triviale soit-elle – les avis d'experts – aussi étriqués soient-ils – les commentaires de tout un chacun – aussi anodins soient-ils – participent tous à la stabilisation de l'espace public dans la mesure où ils signifient que la raison et le raisonnement ont repris leur droit après que l'aberration eut envahi le cours habituel des choses.

Abstraction faite de la sécurisation et de la remise en état du lieu de l'attentat, la stabilisation de l'espace public se joue essentiellement dans l'espace médiatique. Elle s'effectue à un rythme heurté – et non sans cacophonie – à l'ère de l'information continue et des réseaux sociaux qui contractent le temps de la diffusion de l'événement, tout en créant l'illusion d'une dilatation du temps éruptif de l'attentat. C'est tout particulièrement vrai des actes qui sont jugés suffisamment graves pour justifier l'interruption des grilles quotidiennes des programmes de télévision et de radio. Dans ces conditions, l'attentat devient une véritable «catastrophe» (Silverstone, 2006, 117) à laquelle les réseaux sociaux donnent un écho supplémentaire à la fois en alimentant les flux médiatiques et en interrompant leur propre flux routinier.

La démultiplication de la force éruptive de l'attentat consécutive à son traitement catastrophiste ne modifie à vrai dire en rien le temps de la perpétration[2]. Elle complique et augmente en revanche le temps transitoire qui permet la stabilisation de l'espace public pour deux raisons différentes.

---

(1) L'existence d'un projet d'attentat dans le quartier de la Défense, cinq ou six jours après les attaques du 13 novembre, ne change rien à ce constat, puisque seules comptent les forces réellement agissantes. Autrement dit, la stupidité des auteurs de ces attaques s'est également démontrée dans leur planification opérationnelle qui différa indûment une seconde frappe.

(2) Si ce n'est qu'elle peut inspirer des combinaisons opérationnelles visant à exploiter l'appétence des médias pour les événements catastrophiques.

Premièrement, parce que l'attentat ne cesse de se répéter à la faveur de la rediffusion des images proposées par les chaînes de télévision, les sites d'information et les réseaux sociaux. Deuxièmement, parce que la prétention des médias à traiter «en direct» l'événement ne laisse aucune distance réflexive aux acteurs, témoins et experts appelés à le commenter sur le vif. Cette prétention culmine dans le cas des sites d'information qui proposent simultanément de traiter l'événement «minute par minute» et de répondre aux questions posées par leurs lecteurs.

Le commentaire du journaliste, l'avis de l'expert et l'opinion de l'homme politique n'ont pas besoin d'être raisonnables pour que s'amorce la transition entre l'aberration de la violence brute et un retour à la raison. La parole – aussi déraisonnable soit-elle – signifie que le raisonnement – aussi vicié soit-il – est à l'œuvre pour fournir une explication – aussi erronée soit-elle – et offrir des solutions – aussi outrancières soient-elles – au déchaînement de la violence. On l'a compris, la normalisation n'est pas forcément un retour à la situation telle qu'elle se présentait avant l'attentat, mais plus fondamentalement une restauration de la sécurité publique et de la «sécurité ontologique» (Silverstone, 2006, 117) de ceux dont la vie quotidienne est réglée par le flux routinier des médias et des réseaux sociaux.

L'ambition des médias de traiter instantanément l'information possède ainsi un caractère ambivalent. D'un côté, le traitement instantané, ou quasi-instantané, de l'attentat précipite la transition vers la normalisation de l'espace public dans la mesure où la parole suit immédiatement l'éruption de la violence. D'un autre côté, le flot de paroles désordonnées, d'analyses spontanées, de propos filandreux saturent plus sûrement l'espace médiatique que la violence ne sature l'espace public. Quoiqu'il n'allonge pas réellement le temps de la perpétration, le traitement médiatique de l'information le prolonge en créant un vacarme fait d'opinions et d'avis, plus ou moins autorisés, qui répercute la violence de l'attentat dans l'espace médiatique. Si l'auteur de l'attentat est celui qui produit la violence dans la matérialité qui lui est propre, le *spectacle de l'attentat* est en revanche une coproduction dont les médias sont des «partenaires indispensables». À cette idée pleine de justesse de Daniel Dayan (2006, 18), il faut tout de même apporter une précision. En tant que tels, les médias ne peuvent assumer le traitement instantané de l'information au risque d'être accusés de sensationnalisme et de voyeurisme; le journaliste a besoin de la parole extérieure de «l'expert» – peu importe en quoi – afin que le choc de l'événement soit revêtu d'une signification quelconque (cf. *infra*, pp. 58-61).

L'allongement du temps de la perpétration n'est concevable que dans des cas particuliers. Si l'on exclut le rapt, qui implique un retour immédiat à la clandestinité et n'appartient à la catégorie des attentats que par sa phase initiale qui précède la séquestration, seules la prise d'otages et la traque homicide présentent la possibilité d'une extension – même limitée – de la durée de l'action.

Les prises d'otages ont pour caractéristique commune de bloquer ou différer l'initiative adverse, mais revêtent des formes différentes qui influencent leur déroulement et leur portée opérationnelle.

La *prise d'otages impromptue* résulte de circonstances imprévues qui contraignent un individu ou un groupe à trouver un moyen de gagner du temps afin de gérer une situation périlleuse. Elle entrave momentanément l'action qui était au principe de cette situation et offre à celui qui la subit l'opportunité de l'évaluer grâce au répit qu'il s'est aménagé. L'acte n'étant pas préparé, l'improvisation est totale et les réactions du preneur d'otages sont difficilement prévisibles.

Il importe de ne pas confondre ce type de situation avec les séquestrations improvisées d'une personne ou d'un groupe de personnes. La séquestration ne devient prise d'otages qu'à partir du moment où une menace est proférée sur le sort des captifs afin d'exercer un chantage sur autrui. La séquestration de l'imprimeur de Dammartin-en-Goële par les frères Kouachi, le 9 janvier 2015, n'était pas vraiment une prise d'otages puisque, selon Chérif Kouachi, le but n'était pas de «négocier», mais de «tuer un maximum de gendarmes et [de] mourir en martyrs»[1].

La formulation d'une menace, l'engagement d'une négociation et l'existence d'une revendication quelconque sont ainsi des traits caractéristiques que l'on retrouve dans la *prise d'otages astreignante* qui se distingue de la prise d'otages impromptue par son caractère planifié. L'opération de Septembre noir lors des Jeux olympiques de Munich, le 5 septembre 1972, la prise d'otages de l'ambassade d'Allemagne à Stockholm effectuée par un commando de la Rote Armee Fraktion, le 24 avril 1975, ou celle conduite par Carlos au siège de l'OPEP à Vienne, le 21 décembre 1975, sont parmi les cas les plus connus d'une décennie qui fut également marquée par de nombreux détournements d'avions qui constituaient une variante opérationnelle de la prise d'otages astreignante.

Plus récemment, des prises d'otages d'un autre type se sont multipliées. Tout en conservant deux des traits caractéristiques précédemment mentionnés – la menace et la négociation, ou du moins son ébauche – elles n'ont pas fondamentalement pour objectif d'échanger la vie des personnes séquestrées contre la réalisation d'une revendication quelconque. La *prise d'otages contingente* est donc une opération planifiée dans laquelle la négociation et le sort des otages ne sont que des facteurs accessoires, voire des subterfuges. L'assaut contre la cathédrale Sayidat al-Najat de Bagdad, le 31 octobre 2010, relève manifestement de cette catégorie d'attaque, tout comme la prise d'otages qui suivit la tuerie du Bataclan à Paris, le 13

---

(1) *L'Express*, 16 septembre 2015.

novembre 2015, alors que, dans d'autres cas, il est plus difficile de se prononcer sur le ressort et la finalité réelle de l'acte.

Ainsi, les prises d'otages du «théâtre Doubrovka» à Moscou, du 23 au 26 octobre 2002, et de l'école de Beslan en Ossétie du Nord, du 1er au 3 septembre 2004, sont fréquemment assimilées à des opérations-suicides en raison des revendications irréalistes formulées par leurs auteurs, c'est-à-dire le retrait des troupes fédérales de Tchétchénie et la fin de la guerre. Cette interprétation peut assurément se défendre, mais on ne saurait ignorer le précédent de la prise d'otages de l'hôpital de Boudionnovsk, dans le *krai* de Stavropol, du 14 au 19 juin 1995, qui avait amorcé les négociations conduisant au cessez-le-feu de juillet 1995. Deux lectures des événements de Moscou et de Beslan sont dès lors possibles; l'une centrée sur le déroulement des événements, leur issue meurtrière, la détermination des preneurs d'otages à sacrifier leur vie et le caractère inacceptable des revendications formulées; l'autre privilégiant la similitude de ces revendications avec celles négociées quelques années plus tôt à Boudionnovsk et l'aspiration des preneurs d'otages à réitérer une opération dans laquelle ils avaient non seulement saisi l'initiative, mais l'avaient conservée jusqu'à un dénouement des événements qui leur fut favorable. Quelle que soit la lecture privilégiée, elle est plus intéressante et fructueuse que les analyses qui se restreignent à envisager ces trois prises d'otages en termes de «terrorisme publicitaire d'ampleur» (Bénichou, Khosrokhavar, Migaux, 2015).

Sous toutes ses formes, la prise d'otages possède une temporalité et une dramaturgie qui lui sont propres. Contrairement à l'attentat classique, dont la violence éruptive ne présente pas une intelligibilité immédiate, elle offre une trame narrative complète qui comporte un début, un développement et une fin. Au moment de la violence éruptive inhérente à la contrainte initiale exercée sur les otages succède le temps figé et tendu de la négociation – ponctué d'exécutions d'otages dans les cas les plus dramatiques – débouchant inévitablement sur un dénouement qui est, quel qu'il soit, le fruit d'une interaction entre les preneurs d'otages et les autorités présidant à la gestion de la crise. Lorsque cette interaction est violente, la prise d'otages se rapproche de l'action combattante, en particulier lorsqu'elle est contingente, les preneurs d'otages ayant préalablement décidé de livrer un baroud que l'on ne qualifiera pas d'honneur compte tenu des circonstances.

La double interaction qu'impliquent la négociation et l'éventuel affrontement final fait de la prise d'otages un cas particulier au sein de la catégorie générale des attentats politiques, tout comme la traque homicide constitue un genre particulier de tuerie de masse qui, elle-même, peut être une forme de prise d'otages contingente (lorsque la prise d'otages n'a pas pour finalité la négociation, mais de différer l'issue de la tuerie pour une raison ou une autre).

La traque homicide ne prolonge pas la durée de l'attentat parce qu'elle bloque l'initiative des forces de sécurité (comme dans le cas de la prise d'otages), mais dans la mesure où elle exploite le temps de latence qui sépare le début de l'agression de leur intervention en exécutant systématiquement et successivement les cibles visées dans un espace préalablement déterminé. La tuerie perpétrée par Anders Behring Breivik sur l'île d'Utøya (22 juillet 2011) en est l'archétype, alors que l'attaque de l'université de Garissa, au Kenya (2 avril 2015), constitue le chaînon unissant les tueries de masse en milieu scolaire (lycée de Columbine, le 20 avril 1999, lycée Gutenberg à Erfurt, le 26 avril 2002) et les attaques plus directement politiques visant à tuer le maximum de personnes en un lieu déterminé (tuerie de Louxor, le 17 novembre 1999, attaque de l'hôtel Taj Mahal à Bombay, le 26 novembre 2008, celle du Musée du Bardo, à Tunis, le 18 mars 2015 ou encore celles de Paris du 13 novembre 2015). Dans certains cas, le lieu de l'attentat est revêtu d'une signification particulière pour celui qui le perpètre ; dans d'autres cas, il ne s'agit que d'un espace d'opportunité qui offre la possibilité d'atteindre une catégorie particulière de cible. Autrement dit, au-delà des similitudes de leur *modus operandi*, les traques homicides peuvent relever de logiques d'action – individuelles ou collectives – différentes.

En tant que telle, la traque homicide ne permet pas d'instaurer un rapport de force immédiat et, en ce sens, s'apparente plus aux attentats dont l'action violente se consume en un instant. C'est seulement combinée avec une prise d'otages – dès lors contingente – qu'elle peut prolonger la durée de l'acte en neutralisant provisoirement la capacité d'action des forces de l'ordre.

Comme l'attentat suicide, ce *modus operandi* est une forme imparfaite de l'action armée clandestine, dans la mesure où il ruine irrévocablement l'avantage que présente la clandestinité pour qui en sort sans espoir d'y retourner. En ce sens, il ne convient que pour les attentats privés dont toute la portée est condensée dans l'accomplissement de l'acte, pour les attentats qui visent à focaliser momentanément l'attention sur un objet quelconque et aux campagnes de violence commises par des groupes qui ont les ressources suffisantes pour laisser ouverte la perspective d'une réitération d'un tel *modus operandi* par de nouvelles recrues.

Dès que le souffle de l'attentat est retombé, ou que le drame de la prise d'otages s'est dénoué, débute le *temps indéterminé de l'impact* de la violence. Cette indétermination tient à l'inscription variable de l'événement dans les mémoires individuelle, collective et historique. Si nombre d'attentats tombent rapidement dans l'oubli, d'autres marquent l'histoire pour des raisons différentes : la tentative d'assassinat du roi de Qin par Jing Ke (-227) parce que ce dernier devint une figure emblématique de la culture du monde sinisé ; l'assassinat de César (-44) par sa puissance dramatique et les commentaires qu'il suscita ; celui de l'archiduc François-Ferdinand (1914) parce qu'il est associé au déclenchement de la Première Guerre mondiale ; l'attentat contre Alexandre Ier de Yougoslavie (1934), dont Louis Barthou fut une victime collatérale, parce qu'il fut à l'origine de la première convention internationale relative à la répression du terrorisme ; les attaques du 11 septembre 2001 parce qu'elles sont censées avoir provoqué une rupture géopolitique et ont inauguré l'ère des attentats jihadistes dans les pays occidentaux.

La portée historique d'un attentat n'est cependant que l'une des nombreuses formes d'impact qui puissent se concevoir. À l'impact physique de la violence s'ajoutent immédiatement ses effets psychologiques sur lesquels se concentre l'attention de ceux qui postulent la centralité de la terreur dans le phénomène des attentats politiques. Mais cet impact psychologique n'a de sens que s'il est rapporté à l'impact comportemental de la violence, tous deux étant influencés par son impact médiatique qui agira également sur d'éventuels impacts politiques, sociaux, juridiques ou philosophiques, sans oublier que les attentats ont aussi un impact économique. Avant de revenir plus en détail sur cette question complexe que l'on abordera principalement par les concepts de *spectacle de l'attentat* et d'*anxiété anticipatoire*, fixons quelques idées générales qui permettent de baliser le champ de la réflexion.

- L'impact d'un attentat est fonction de sa cible, de sa violence, du contexte, de sa couverture médiatique et des interprétations qu'il suscite.

- La question de l'impact d'un attentat dépasse largement celle du but qui lui était assigné. Le but s'inscrit dans la logique d'action de celui qui a perpétré l'acte ; l'impact de ce dernier s'inscrit dans un espace public qui en reconfigure la signification.

- Celui qui commet un attentat peut difficilement en anticiper l'impact effectif et parfois ne cherche même pas à le faire.

- Ce n'est pas parce qu'un impact est mesuré ou évalué qu'il correspond au but poursuivi par celui qui a perpétré l'attentat (de cette confusion proviennent les malentendus relatifs à l'impact psychologique des attaques du 11 septembre sur la population des États-Unis).

- Il est très rapidement impossible de distinguer les effets psychologiques et comportementaux directement liés à l'attentat et les dimensions psychologiques et comportementales inhérentes aux processus interprétatifs de l'acte.

• Un attentat, lorsqu'il est largement couvert par les médias et entre dans des processus interprétatifs collectifs, est une sorte de test de Rorschach à l'échelle d'une société.

• La difficulté à donner du sens à une situation ambiguë incite chacun à la configurer en y projetant ses propres valeurs, ses propres repères cognitifs, ses propres craintes, ses propres attentes, ses propres fantasmes. Il en résulte un foisonnement d'avis, d'opinions, d'analyses, de commentaires qui saturent l'espace médiatique et les réseaux sociaux beaucoup plus sûrement que la violence armée clandestine parvient à saturer l'espace public.

Toute la difficulté du processus interprétatif qui est à l'œuvre dès que débute le temps de l'impact de l'attentat tient dans l'incertitude relative aux origines de l'événement. C'est comme s'il fallait reconstruire l'intrigue d'un livre dont on débuterait la lecture en sa moitié, tout en essayant d'anticiper son développement et sa chute. La logique de cette intrigue sera d'autant plus difficile à discerner si, durant le temps de la préparation de l'attentat, les jugements prospectifs portant sur sa possible survenance se sont fondés sur une mauvaise évaluation du *risque* et de la *menace*.

Risque, menace, danger

> Les maux réels ont sur moi peu de prise ; je prends ai-
> sément mon parti sur ceux que j'éprouve, mais non pas
> sur ceux que je crains. Mon imagination effarouchée les
> combine, les retourne, les étend et les augmente : leur at-
> tente me tourmente cent fois plus que leur présence, et la
> menace m'est plus terrible que le coup.
>
> Jean-Jacques Rousseau

Lorsque les services de sécurité communiquent, la clarté du propos n'est pas toujours au rendez-vous. Même avec la meilleure volonté, il n'est pas aisé de comprendre ce qu'est exactement cette «menace terro-riste» qui est régulièrement agitée face aux médias et que les journalistes s'empressent de répercuter auprès du public.

Le compte rendu d'une conférence de presse donnée en février 2015 par le Service de renseignement de la Confédération helvétique (SRC) l'illustre on ne peut mieux :

> La menace reste élevée, selon le SRC. Elle a été relevée d'un cran avec la pro-clamation de l'État islamique entre la Syrie et l'Irak. La situation est restée la même après les attaques de Paris et de Copenhague, car il n'y a pas d'indice de menace concrète en Suisse, a expliqué le chef du SRC [qui] reconnaît toutefois qu'une menace «abstraite» persiste[1].

Une menace peut-elle être élevée si elle n'est pas concrète ? Une menace est-elle encore une menace si elle est abstraite ? S'il n'existe aucun indice d'une menace concrète, pourquoi faut-il utiliser la notion de «menace» dans la communication avec les médias ? Quelle que soit la manière dont on interroge le propos, il apparaît manifestement un problème dans le rap-

---

(1) *24 Heures*, 26 février 2015.

port entre la réalité à laquelle se réfère le SRC – le concret – et les mots – du coup très abstraits – qui sont utilisés par la caractériser.

Le langage abscons n'est pas propre aux services de sécurité helvétiques, comme on peut s'en assurer en examinant la communication de leurs homologues français ou canadiens qui laisse, parfois, tout aussi songeur.

En France, depuis la simplification du code d'alerte de 2014, le niveau «alerte attentat» du plan Vigipirate correspond à «une menace imminente d'attentat»[1]. On croit cependant comprendre qu'une légère erreur dans la syntaxe a altéré la signification du propos, puisqu'il a manifestement pour but d'indiquer que ce qui est imminent ce n'est pas la menace, mais l'attentat.

Au Canada, le Centre intégré d'évaluation du terrorisme (CIET) se fixe pour objectif «d'empêcher et d'atténuer les menaces terroristes» tout en affirmant que «le pays demeurera résilient face à cette menace»[2]. Or, il semble difficile à un centre quelconque *d'empêcher* la menace qu'il doit précisément *évaluer*, alors qu'il est plus raisonnable qu'il s'assigne pour tâche de tenter d'entraver la matérialisation de cette menace sous la forme d'un attentat. De même, il n'est pas évident de comprendre pourquoi un pays devrait avoir la capacité de surmonter un traumatisme qui ne s'est pas encore concrétisé, puisqu'il est précisément défini comme une menace.

Il est évidemment facile de rétablir un peu de cohérence dans le propos en substituant un mot à un autre. Un risque peut être élevé sans que l'on puisse préciser une menace tangible; analyse que pouvait légitimement soutenir le SRC pour la Suisse au début de l'année 2015. La perpétration imminente d'un attentat justifie un niveau d'alerte élevé; les autorités françaises l'expriment parfaitement lorsque l'accord de l'adjectif se fait avec le bon substantif. On peut déjouer des projets d'attentats en évaluant correctement une menace, et ainsi éviter un traumatisme consécutif à la réalisation de cette menace; ambition que le CIET peut certainement afficher. Dans tous les cas, il fallait utiliser avec plus de précautions cette notion de menace qui est aussi importante que délicate à manier.

Dans la terminologie relative à la violence politique, la notion de menace possède une signification précise qui est sensiblement différente du sens courant du mot. Certes il peut se présenter des situations dans lesquelles s'exprime explicitement le projet de nuire, en l'occurrence en perpétrant des attentats. Oussama ben Laden avait préalablement signifié sa volonté de recourir à la violence en annonçant sur CNN qu'il allait envoyer aux États-Unis «un message dépourvu de mots». Actuellement, les partisans

---

(1) http://www.risques.gouv.fr/menaces-terroristes/le-plan-vigipirate.
(2) Rapport public de 2014 sur la menace terroriste pour le Canada, http://publications. gc.ca/pub?id=469592&sl=1

de l'État islamique vocifèrent quotidiennement leur message de mort et de destruction. Mais, dans son sens spécialisé, la notion de menace concerne une catégorie beaucoup plus large d'intentions hostiles, y compris, et surtout, celles qui ne sont pas verbalisées.

Dans ce second sens, la menace est une notion qui ne peut se définir que par rapport au risque et au danger. Plus précisément, c'est un terme qui renvoie à un raisonnement; celui permettant d'analyser le risque afin d'anticiper et, si possible, conjurer le danger. Si le risque se rapporte à une situation dans laquelle la survenance du danger est incertaine et la forme de son actualisation indéterminée, la menace caractérise une situation dans laquelle le danger se précise et revêt une forme concrète explicitement identifiable. Quant au danger, il se rapporte à une situation dans laquelle la menace s'est actualisée. Dans cette acception, le danger ne peut se concevoir comme un simple synonyme du risque ou de la menace, à savoir une nuisance potentielle; il implique une réelle exposition à un dommage imminent.

De cette définition de la menace, proche de celle que les militaires donnent à la notion – une intention hostile clairement identifiée provenant d'un acteur politique quelconque, il résulte plusieurs conséquences dont il faut tenir compte pour un usage judicieux de la notion.

Premièrement, une menace est nécessairement concrète puisqu'elle présuppose l'identification d'une intention hostile précise et donc la capacité de nommer celui qui est susceptible de passer à l'acte.

Deuxièmement, la menace ne saurait se rapporter à une abstraction – telle que le «terrorisme»; elle ne peut que se rapporter à une chose éminemment tangible: un attentat. Parler de «menace terroriste» ne fait pas vraiment sens. Parler de menace d'attentat est en revanche beaucoup plus pertinent; mais il l'est encore plus de préciser qui en est à l'origine et sous quelle forme elle est susceptible de se matérialiser.

Troisièmement, les catégories du risque, de la menace et du danger ne sont pas mutuellement exclusives. Constant et permanent, le risque d'attentats peut être faible, moyen ou élevé, se transformer en menace, sans pour autant disparaître après l'identification d'un projet tangible d'attentat, dans la mesure où persistent d'autres risques que celui qui s'est érigé en menace. Le principe est évidemment le même pour le danger qui peut parfaitement coexister avec des risques et menaces d'attentats provenant d'autres acteurs que celui qui est passé à l'acte ou va incessamment le faire.

Bref, qui parle de menace se réfère à un risque qui est sur le point de se commuer en danger. Quasi-palpable, la menace n'est rien d'autre qu'un projet d'attentat(s), ou un attentat en phase pré-opérationnelle, qui est identifié en tant que tel par les services de sécurité. Pour être réelle, la menace doit être définie précisément et ne saurait se réduire à une qualification aussi vague que celle qui voudrait que nous soyons confrontés à une «menace terroriste» – sans plus de précisions – justifiant l'entrée en guerre contre un ennemi indéfini.

Indéfinie, la «menace» l'est doublement. D'une part, parce que le mot est galvaudé, y compris par ceux qui devraient en faire un usage terminologique, son emploi se rapportant souvent à des situations relevant fondamentalement du risque. D'autre part, parce que ce qu'il devrait dénoter est le plus souvent énoncé sous la forme de généralités qui ne spécifient pas vraiment le danger qui nous menace. Quelle est cette intention hostile que l'on devrait être capable d'explicitement identifier ? Le terrorisme, notion elle-même si mal définie ? Daech, cet omniprésent État islamique dont on sait en réalité bien peu de choses ? Un nihilisme générationnel, une nouvelle idée qui soulève plus de questions qu'elle n'apporte de réponses ? Ne serait-il pas plus simple de concéder que le discours sur la «menace» masque souvent l'indétermination du risque et du danger ?

Cette indétermination – inhérente aux représentations du «terrorisme» – contribue à l'anxiété anticipatoire déjà impliquée par la volonté de prévenir le danger en décelant la menace. Que cette contribution soit forte ou faible dépend largement de la qualité de l'évaluation du risque et de la menace, les appréciations approximatives étant susceptibles d'alimenter cette «imagination effarouchée» évoquée par Jean-Jacques Rousseau lorsqu'il décrivait le processus par lequel la menace lui était «plus terrible que le coup».

L'appréciation du risque et de la menace est un art d'autant plus difficile à pratiquer que la plus grande confusion terminologique ne règne pas uniquement dans l'utilisation de ces catégories du jugement prospectif, mais plus globalement dans celle de toutes les catégories du jugement stratégique lorsqu'elles sont mobilisées pour analyser les violences armées clandestines.

Logique d'action individuelle,
logique d'action collective

> Considéré sous le rapport des inclinations, il n'est aucun
> être qui ne soit dans le vrai, du moment qu'on adopte son
> point de vue ; pas un être qui ne soit dans l'erreur, si l'on
> adopte l'optique contraire, Lorsqu'on réalise que le saint
> roi Yao et le tyran Kie pensaient chacun être dans son bon
> droit et avaient chacun une attitude opposée on devient
> capable de juger des comportements.
>
> Zhuangzi

Depuis les années 1930, l'intention de terreur a été érigée en postulat des études consacrées au «terrorisme». Ce faisant, les juristes de la Société des Nations orientèrent la réflexion sur le phénomène de l'attentat politique dans une direction doublement hasardeuse. D'une part, parce qu'ils érigeaient une caractéristique intrinsèque à la violence – son caractère anxiogène – en trait spécifique au moyen d'une formulation hyperbolique. D'autre part, parce que la notion d'intention ne permettait pas de distinguer suffisamment nettement les motivations de l'auteur de l'acte et l'orientation finalisée de ce dernier.

Afin de réorienter la réflexion en évitant les ambiguïtés de la notion d'intention, considérons plutôt celle de *logique d'action* qui articule le mobile, le *modus operandi* et le but de l'attentat. Si le mobile relève du choix qui motive le passage à l'acte dans une situation qui le justifie pour une raison quelconque aux yeux de l'acteur, le *modus operandi* caractérise l'actualisation de ce choix dans un registre de violence spécifique et signifiant, alors que le but de l'attentat s'inscrit dans une représentation anticipée de son impact. En cette dernière matière, encore faut-il ne pas confondre le but *dans* l'at-

41

tentat et le but *de* l'attentat, transposition du fameux distinguo clausewit-
zien entre le *Ziel* et le *Zweck*.

La logique d'action comporte, en proportion variable, une composante
réactive (vengeance, représailles, réciprocité de l'action) et une composante proactive (une orientation finalisée), dont l'appréciation permet
d'évaluer le degré d'instrumentalisation de la cible directe de la violence
(les victimes) par rapport à une éventuelle cible indirecte (population/
autorités) sur laquelle l'auteur de l'attentat compte exercer une influence
(psychologique et comportementale).

La logique d'action de l'attentat de Leibacher s'épuisait dans les dommages infligés à sa cible directe, alors que, à l'autre extrémité du spectre
des actions armées clandestines, celle des attentats parisiens de 1995 tenait
toute entière dans le «principe de disjonction» (Sommier, 2002) entre cible
directe et cible indirecte de la violence. Entre ces deux pôles, toute une
gamme intermédiaire d'actions visent à la fois à affecter leur cible directe
et à influencer une cible indirecte. Au risque de multiplier les exemples,
illustrons le propos afin de souligner l'articulation, différenciée d'un attentat à l'autre, entre la dimension punitive et la dimension démonstrative de
la violence.

Lorsque Émile Henry lança sa bombe dans le café de l'hôtel Terminus
(12 février 1894), il voulait faire la démonstration de la capacité de riposte
du mouvement anarchiste face à la répression, mais aussi châtier les
consommateurs d'un grand café assimilés à «une masse bête et préten-
tieuse» haïssant le peuple[1]. En assassinant Georges Besse (17 novembre
1986), les membres d'Action directe visaient spécifiquement «un membre
avancé de la répression bourgeoise contre le mouvement ouvrier», mais
imaginaient aussi «développer [...] la force de la classe [...] pour élever la
conscience nécessaire à son organisation pour d'autres victoires», c'est-
à-dire faire œuvre de propagande armée[2]. Lorsqu'il tua Theo van Gogh
(2 novembre 2004), Mohammed Bouyeri punissait un «blasphémateur»,
mais il faisait aussi planer une menace sur tous ceux enclins à critiquer
l'islam et, ce faisant, menaçait très explicitement Ayaan Hirshi Ali[3]. Dans
son manifeste, Anders Behring Breivik affirmait que le massacre qu'il allait
commettre était une «opération de marketing», mais les jeunes sociaux-dé-
mocrates qu'il exécuta froidement sur l'île d'Utøya (2011) étaient également censés payer le prix de la politique de «marxisme culturel» de leur
parti[4]. Quant aux auteurs des attaques parisiennes du 13 novembre 2015,

---

(1) «Déclaration d'Émile Henry faite aux jurés», *La Justice*, 30 avril 1894.
(2) «Texte de revendication du commando Pierre Overney. Action Directe. Janvier 1987»,
in: *Paroles directes. Légitimité, révolte et révolution: autour d'Action Directe*, Mauléon: Acratie,
1990, pp. 130 et 141.
(3) http://www.wikiislam.net/wiki/Letters_(Mohammed_Bouyeri).
(4) 2083 – A European Declaration of Independence. https://www.fas.org/programs/tap/_

ils visaient apparemment à la fois à punir le gouvernement français de sa politique proche-orientale, à faire subir les affres les plus sombres de la guerre à la population de la Ville Lumière et à susciter un processus de polarisation antagoniste dans la société française.

Dans les exemples précédents, la logique d'action est tantôt individuelle et tantôt collective, ce qui ne signifie pas que l'une disparaît lorsque l'autre est à l'œuvre. La première peut entièrement se fondre dans la seconde, tout comme elle peut partiellement conserver sa marge d'autonomie comme en témoigne le comportement de Carlos lors de la prise d'otages des ministres de l'OPEP en 1975 (Schröm, 2002, 85-87). La distinction entre les deux notions ne vise pas seulement à signifier que les identités individuelles ne se dissolvent pas toujours dans les identités collectives, mais aussi qu'un individu peut participer à une logique d'action collective pour des raisons qui lui sont propres et sans forcément maîtriser l'orientation finalisée de l'action. Que le *modus operandi* soit possiblement le seul point d'ancrage des deux logiques ne surprendra que ceux qui ne se sont jamais interrogés sur la psychologie du combattant participant à une opération militaire.

Les deux logiques se combinent encore différemment lorsqu'un individu adapte son imaginaire et son comportement à la perception qu'il a d'une logique d'action collective, sans pour autant appartenir au groupe, à l'organisation ou au mouvement qui promeut la dite logique. Le champ d'expériences individuelles peut ainsi prédisposer à l'adhésion à une logique d'action collective par mimétisme – facteur dont on ne saurait ignorer l'importance[1] – par affinités électives (celles de Goethe)[2], par «logique agrégative d'équivalences» (Salazar, 2015, 193), ou encore par une combinaison de l'ensemble de ces facteurs, en dehors d'une véritable «carrière militante». Cette dernière notion, que l'on doit à la sociologie du militantisme, n'est opératoire que dans certaines configurations au sein desquelles le passage à l'acte poursuit – par d'autres moyens – un engagement politique antérieur; il faut évidemment comprendre ici la notion de passage à l'acte comme la perpétration d'un attentat et non pas simplement comme l'entrée en militantisme À la notion de carrière, on préférera celle de trajectoire qui partage avec la précédente certains traits sémantiques

---

docs/2083_-_A_European_Declaration_of_Independence.pdf.

(1) La multiplication des jeunes barbus de style *hipster* n'étonne personne puisqu'il s'agit d'un phénomène de «mode», alors que celle des barbus jihadistes nous plonge dans des abîmes de perplexité puisque nous n'y trouvons pas d'explications simples.

(2) «Il faut voir agir devant ses yeux ces substances, qui semblent inanimées et cependant toujours prêtes intérieurement à l'activité; il faut observer avec intérêt comme elles se cherchent l'une l'autre, s'attirent, se saisissent, se détruisent, s'absorbent, se dévorent, puis, de la plus intime union, passent à une forme rajeunie, nouvelle, inattendue; alors seulement on leur attribue une vie éternelle, et même des sens et une intelligence, car nous éprouvons que nos sens suffisent à peine pour les biens observer, et que notre raison est à peine capable de les comprendre.» (Goethe, 1883, 370).

sans cependant accentuer la dimension institutionnelle ou organisationnelle du contexte dans lequel se meut l'individu.

Si le passage à l'acte ne requiert pas d'avoir préalablement fait «carrière», c'est que l'attentat n'est qu'un procédé facilement maniable, accessible à tous, et n'exigeant d'autres conditions qu'une implacable détermination et une arme quelconque. Il est à la portée de l'individu isolé qui n'a pas besoin d'être «loup solitaire» pour passer à l'acte. Il peut être le fruit de la collusion d'un nombre restreint d'individus qui agissent, certes en commun, mais en dehors de toute structure ou expérience militante, y compris dans le cadre d'authentique fratrie. Il est aussi le moyen d'action idoine des organisations conspiratives, des groupuscules violents, des organisations radicalisées, tout comme il peut être une ressource utile ou un expédient aux mains d'un parti politique (clandestin ou institutionnalisé), ou encore d'un État. Dans chacune de ces configurations, la question de la logique d'action se pose différemment en raison des ressources diverses et inégalement réparties dont disposent les différentes catégories d'acteurs considérées.

Le problème que pose la *portée tactique* d'un attentat s'inscrit dans cette perspective englobante qui seule peut permettre d'éviter les errements de la réflexion relative à la dimension stratégique du «terrorisme» ou encore à son «efficacité». Cette portée est fonction de la logique d'action rapportée à ses modalités organisationnelles.

Certains attentats sont dénués de véritable portée tactique dans la mesure où leur orientation finalisée s'épuise dans leur accomplissement; autrement dit, le but *de* l'attentat est contenu *dans* l'attentat lui-même et relève fondamentalement de dispositions idiosyncrasiques. Lortie, Leibacher, Drun, tout comme d'autres auteurs d'attentats privés, s'inscrivent dans cette catégorie pour laquelle il ne faut pas chercher d'autre horizon d'attente que celui qui se réalise dans la perpétration de l'acte.

Sur le plan de la portée tactique de l'acte – et, évidemment, sur ce plan uniquement – la longue tradition du tyrannicide ne s'inscrivait pas dans une logique fondamentalement différente. En éliminant le tyran, l'attentat lui-même réalisait son but qui n'était autre que l'anéantissement de la tyrannie. L'acte avait certes un impact recherché par son auteur, celui de «délivrer [la] patrie de la servitude» (Machiavel, 1996, 380); mais comme cette délivrance était contenue dans la perpétration de l'acte, il n'est pas abusif de considérer que le but de l'attentat était contenu dans l'attentat lui-même.

D'autres attentats sont perpétrés par des individus isolés et néanmoins animés par des ambitions qui outrepassent la simple réalisation de l'acte; autrement dit, l'attentat n'est qu'un moyen mis au service d'une fin qui, pour être définie subjectivement, n'en relève pas moins d'une volonté d'exercer un impact différé au sein de l'espace public.

Cet impact est tantôt un message concret dont la violence est censée être le vecteur, comme dans le cas de Breivik ou Theodore Kaczynski (*Unabomber*) qui, lui aussi, désirait que son manifeste fût connu du public[1]; tantôt ce message n'est pas véritablement verbalisé puisqu'il est supposé être contenu dans l'acte lui-même. Cette dernière idée fut clairement exprimée dans un pamphlet anarchiste publié en pleine «ère des attentats», c'est-à-dire durant la première partie des années 1890:

> La bombe, pour le Russe, fut et un discours et un acte. Chez nous, le discours aujourd'hui a pris fin, la bombe a parlé et parlera. [...] Voici venue l'heure de la revanche pour les vaincus et les exploités: déjà les bombes ont sonné la diane, l'armée de la misère est debout, elle s'ébranle pour s'en aller... Par la dynamite, à l'Anarchie[2]!

Que la violence puisse tenir lieu de langage est chose aisément concevable, mais il est moins évident de déterminer le sens du message véhiculé par l'attentat. La bombe «parle» peut-être, mais que dit-elle exactement? En l'occurrence, l'auteur de la citation semblait vouloir signifier qu'elle réveillait l'énergie révolutionnaire des masses (la «diane» de la citation), mais le raisonnement était elliptique puisque la «dynamite» – dans l'énoncé lui-même – venait également se substituer à l'argument expliquant par quels moyens se réalisait l'idéal anarchiste.

À la même époque, un autre anarchiste formula un aphorisme qui est un bon point d'ancrage pour appréhender la perception subjective de l'acte par celui que va le commettre: «La bonne tactique [...] est toujours proportionnelle à la somme d'énergie qu'on apporte à l'action[3].» Cette véritable profession de foi individualiste écartait toute interrogation relative à la convenance, à l'efficacité ou au rendement immédiat de l'acte, pour ne concevoir la portée tactique de l'attentat qu'en fonction de la force de conviction émanant de l'actualisation de la violence. Le propos s'inscrivait dans une conception dévoyée de la propagande par le fait, mais il signifie plus généralement que l'orientation finalisée de l'acte n'est pas nécessairement la composante la plus déterminante dans une logique d'action individuelle. Pour l'individu isolé, l'attentat *per se* est investi d'une signification

---

(1) Dans un cas comme dans l'autre, la logique d'action n'est pas entièrement réductible à la composante proactive de l'acte. Tout comme Breivik, Kaczynski (2008, 64 et 281) était également animé par une volonté réactive puisqu'il affirme, d'une part, avoir «dû tuer des gens» pour «transmettre publiquement [son] message avec l'espoir qu'il soit bien entendu» et, d'autre part, que certains de ses actes furent commis après qu'il se fut «juré» de venger les «dommages causés à la forêt» par les méfaits de la société industrielle.

(2) *Le Figaro*, 17 février 1894.

(3) «Réflexions d'Henry à la Conciergerie», *in*: Badier (2007, 200).

politique dès lors qu'il est le point de contact entre l'espace public et le sujet qui trouve le moyen de s'y affirmer par le recours à la violence.

L'action collective potentialise la portée tactique de l'attentat, non sans que le niveau de structuration du collectif exerce une influence sur ses capacités opérationnelles. Une entente (informelle) en vue de commettre un attentat accroît les possibilités d'action par rapport à une entreprise solitaire, mais elle possède moins de potentiel opérationnel qu'un groupe conspiratif discipliné, un réseau clandestin organisé ou tout autre type d'unité intégrée dans une structure plus complexe[1]. Dans ces conditions, la portée tactique de l'attentat ne peut s'évaluer qu'en rapportant l'acte au registre d'actions dont dispose celui qui le commet.

Si ce registre est strictement limité à la violence clandestine, l'acteur collectif doit soit se cantonner à une *stratégie unidimensionnelle* pour réaliser ses objectifs, soit chercher à élargir son registre d'actions si ces objectifs ne peuvent être atteints au seul moyen de la violence armée clandestine. Dans un cas comme dans l'autre, la portée tactique de l'acte se comprend uniquement en le rapportant à la série dans laquelle il s'inscrit, qu'il s'agisse d'une véritable campagne d'attentats ou d'une séquence de violences faiblement coordonnées.

Si le registre d'actions de celui qui recourt à la violence armée clandestine est d'emblée élargi, la question de la portée tactique de l'attentat se pose en des termes différents. L'attentat n'est dans ce cas que la composante d'une *stratégie multidimensionnelle*, plus ou moins étendue selon les ressources à disposition. Les combinaisons avec les autres éléments du registre d'actions sont multiples et varient en fonction du type d'acteurs concernés. L'attentat peut se combiner à des entreprises insurrectionnelles, des opérations de guérilla ou même des opérations militaires plus conventionnelles ; il peut s'y substituer lorsque l'évolution d'un conflit place l'un de ses protagonistes dans une situation incapacitante ; il appartient à la panoplie réservée à laquelle ne répugnent pas de recourir les services secrets en dehors de conflits déclarés et peut plus généralement être une arme occulte aux mains de n'importe quelle entité politique peu scrupuleuse.

Il est donc parfaitement absurde de s'interroger sur la « stratégie du terrorisme » – en général – puisque, dans leur grande diversité, les attentats s'inscrivent dans différentes configurations stratégiques et peuvent tout aussi bien se situer en dehors de toute combinaison authentiquement stratégique. La seule question qui mérite d'être posée est celle de leur portée tactique au sein d'une logique d'action spécifique ; y apporter une réponse

---

(1) L'incidence des modalités par lesquelles s'opérait la collusion entre individus en vue de commettre des attentats apparut à l'époque des actions anarchistes des années 1890. La répression de « l'entente » en vue de commettre un délit, selon la loi du 18 septembre 1893, permit de préciser les dispositions relatives aux « associations de malfaiteurs » que l'on comprenait, jusque-là, comme des organisations criminelles structurées.

permet de déterminer si l'attentat est un expédient d'une politique cynique se présentant par ailleurs sous des atours honorables, un élément d'une plus vaste combinaison opérationnelle, une contrainte inhérente à un rapport de force asymétrique, ou encore un simple moyen de perturber le fonctionnement routinier de l'espace public.

Avant de considérer les difficultés auxquelles se heurtent les tentatives pour répondre à cette question de la portée tactique des attentats, il importe de considérer une autre interrogation relative à l'articulation des logiques d'action individuelles et collectives : la somme d'attentats isolés peut-elle avoir valeur stratégique ? Abou Moussab al-Souri, « l'architecte du jihad global » ou encore « le principal idéologue de la troisième génération du jihad salafiste », y a répondu positivement dans son fameux *Appel à la résistance islamique mondiale*. L'idée d'al-Souri s'exprime dans un « slogan » qui a, selon ses propres termes, également valeur de « principe de fonctionnement élémentaire » pour le combat jihadiste : « un système, pas une organisation »[1]. Plus précisément, la doctrine militaire d'al-Souri soutient la possibilité d'une combinaison d'actions individuelles et d'actions conduites par des petites cellules, « décentralisées » et totalement indépendantes ; les seuls liens entre ces composantes du mouvement jihadiste résidant dans un but et un nom communs, ainsi qu'une idéologie et une méthodologie combattantes partagées.

Les thèses d'al-Souri sont fréquemment rapprochées de l'idée de « résistance sans leader » formulée par Louis Beam (1992), un extrémiste de droite états-uniens, dans un article confidentiel du début des années 1990. S'il existe effectivement quelques points communs (la doctrine est fille de la nécessité, une méfiance envers les structures organisationnelles pyramidales et l'accent mis sur la décentralisation de l'action), on ne saurait pousser très loin l'analogie. Le petit article de Beam ne faisait qu'ébaucher grossièrement une réflexion qui, si elle avait la prétention de repenser la « stratégie et la tactique » de la « résistance » à l'État fédéral, n'allait en réalité guère plus loin que l'apologie de l'action spontanée. Beaucoup plus développé et plus élaboré, le gros ouvrage d'al-Souri se hisse au rang d'un véritable traité de l'art de la guerre subversive.

Dans ce modèle – somme toute classique – d'une guerre révolutionnaire en trois phases, l'intérêt des conceptions relatives à l'articulation des logiques d'action collectives et individuelles n'est pas à chercher dans la section de la « théorie militaire » consacrée au « terrorisme individuel »[2]. Il

---

(1) *The Global Islamic Resistance Call*, https://archive.org/details/TheGlobalIslamicResistanceCall. Cette traduction anglaise de trois des chapitres de l'ouvrage comporte, de l'aveu même des traducteurs, des approximations. Ainsi, « principe de fonctionnement » ne donne qu'une idée de la signification de طريقة العمل qui semble pouvoir tout aussi bien signifier *modus operandi* ou modalité opératoire.

(2) Dans un premier temps, al-Souri assume la notion de terrorisme et prétend même énon-

se situe dans la section consacrée à la théorie organisationnelle, et plus particulièrement dans une recommandation stipulant que le combat et le sacrifice individuel permettent de réveiller la communauté et d'inciter d'autres de ses membres à se lancer dans la lutte. Cette version jihadiste de la propagande par le fait est assez bien résumée par Philippe-Joseph Salazar (2015, 222-223) qui s'attache à comprendre les conditions du surgissement du «peuple jihadiste»:

> Que ce «peuple» soit normé religieusement ne change rien au processus. Il est temps qu'on s'en aperçoive, car ce qui se profile est un mouvement de ré-enchantement populiste du monde. Une accumulation d'actes spontanés et d'actions de groupe suscite peu à peu un mouvement de conscience collective. Et ce mouvement, en s'amplifiant, devient la logique constitutive du «vrai, bon peuple», un surgissement brutal du «peuple» qui prend une forme politique irrésistible et qui se traduit, envers ceux qui ont été désignés comme l'ennemi, par une radicale hostilité.

Les jihadistes seraient-ils en phase de réussir là où les organisations de lutte armée d'extrême-gauche échouèrent? Sur le plan de ce que les Brigades rouges nommaient «propagande armée», il faut admettre qu'al-Souri et ses épigones sont parvenus à trouver une formule détonante par laquelle la violence nourrit la violence, et cette réussite n'a été possible que parce que leur message était intelligible pour ceux auxquels il était destiné.

✤

✤✤

---

cer une «théorie du terrorisme» (تقوم نظرية الإرهاب). Dans un second temps, il revient à la conception plus habituelle selon laquelle le «véritable terrorisme» (الإرهاب الحقيقي), dans la vraie signification (بمفهومه الصحيح) du terme, est le fait des ennemis du mouvement jihadiste. Pour lui, la notion se définit simplement comme la capacité de dissuader (ردع) par la peur (بالخوف).

La parole et les actes

> Malgré l'importance qu'il peut y avoir à connaître les vrais motifs qui ont guidé jusqu'à présent les actions humaines, peut-être est-il plus important encore, pour celui qui cherche la connaissance, de savoir quelle croyance s'est attachée à tel ou tel motif, je veux dire, de connaître ce que l'humanité a supposé et imaginé jusqu'à présent comme étant le véritable levier de ses actes.
>
> Nietzsche

Le **problème** de la portée tactique d'un attentat est étroitement lié à celui de l'intelligibilité de la violence. Pour que cette dernière soit intelligible, il faut qu'elle soit immédiatement compréhensible, sans plus d'explication, ou que l'explication soit clairement énoncée. C'est évidemment un enjeu essentiel pour qui veut faire œuvre de propagande par le fait ou de propagande armée, mais c'est aussi plus généralement un enjeu d'importance pour qui veut comprendre et expliquer la signification de l'acte et le recours à un registre d'actions spécifique au sein de la catégorie plus générale de la violence politique.

Le tyrannicide ne nécessitait pas vraiment de justification, puisque c'était l'existence même de la tyrannie qui le justifiait et qu'elle s'incarnait dans la personne du tyran. On pouvait approuver ou condamner l'attentat, mais la violence était dénuée d'ambiguïté; sa signification était aisément compréhensible. Ainsi, après l'attentat de la rue Saint Nicaise (24 décembre 1800), personne ne s'étonna vraiment que l'on puisse tenter de tuer Bonaparte, l'incompréhension résidant plutôt dans le nombre de victimes innocentes sacrifiées par les conspirateurs, en particulier la jeune Marianne Peusol à laquelle Pierre Robinault de Saint-Régeant confia cyniquement le soin de tenir le cheval attelé à la charrette contenant le baril de poudre.

Les choses commencèrent à se compliquer lorsque la question révolutionnaire vint se greffer sur celle du tyrannicide. Louise Michel (1886, 393) résolut le problème en ces termes :

> Le tyrannicide n'est praticable que quand la tyrannie n'a qu'une seule tête ou un certain groupe de têtes. Quand elle est devenue l'hydre, c'est la Révolution qui s'en charge.

À la même époque, les révolutionnaires russes de la Volonté du Peuple eurent plus de difficultés à se positionner. Le «duel» qu'ils avaient engagé «avec l'autocrate en personne» (Stepniak, 1885, 341) relevait de la logique du tyrannicide, mais ils ne parvenaient pas à clairement concevoir, et *a fortiori* à expliquer, comment la révolution allait procéder de l'élimination d'Alexandre II. Autrement dit, si la composante réactive de l'attentat qui coûta la vie au tsar, le 13 mars 1881, était aisément intelligible, sa composante proactive était plus nébuleuse puisque les membres du groupe clandestin n'avaient pas réellement anticipé la suite des événements.

Les attentats anarchistes perpétrés peu après en Europe occidentale et aux États-Unis étaient encore plus difficilement intelligibles, à la fois parce que leurs cibles ne s'inscrivaient plus dans la logique du tyrannicide et parce que les explications des adeptes de la propagande par l'explosif étaient plutôt elliptiques. En France, l'incompréhension culmina après le jet de la bombe d'Émile Henry dans le café de l'hôtel Terminus. Pour Georges Clemenceau, une telle violence défiait l'entendement ; elle était «inexpliquée, inexplicable» :

> On s'explique les provocations à l'émeute, le recours à la violence qui est l'*ultima ratio* de la raison désespérée, la résistance à l'oppression ou à ce qu'on juge tel. Mais l'idée qu'une violence inexpliquée, inexplicable, déchaînera tout à coup les forces de justice et d'amour que recèle l'humanité, cela ne relève vraiment pas d'une opération normale de l'esprit humain. L'explosion de bonté universelle résultant de la détonation de la bombe n'est qu'une vision de pur mysticisme surgie, dans des cerveaux débiles, du désir commun à tous les réformateurs de brusquer l'humanité[1].

Comme le relevait le fondateur de la Société des droits de l'homme et du citoyen, la logique d'autres violences était plus facile à concevoir. Celle des attentats perpétrés dans le cadre d'une «résistance» à l'oppression est aisément concevable, tout particulièrement lorsqu'elle possède cette dimension «tellurique» face à une force d'occupation étrangère. La composante proactive de la violence n'échappe alors à personne, les adversaires en

---

(1) *La Justice*, 23 février 1894.

présence et les populations qui subissent les attentats étant parfaitement conscients des enjeux et des issues possibles du conflit. Les interrogations et les débats peuvent porter sur la légitimité de la lutte et des moyens qu'elle mobilise, mais la dynamique de cette lutte n'a absolument rien de mystérieux.

Ainsi, lors des déchaînements de violence de la guerre d'Algérie, Robert Lacoste pouvait-il dénoncer à la tribune de l'Assemblée nationale les attentats «odieux» commis à Alger, et plus particulièrement celui du Milk Bar (30 septembre 1956), tout en expliquant que «l'épreuve» que subissait son pays était «une forme de guerre subversive, politique autant que militaire, tendant à subjuguer la population et à évincer la France»[1]. Peu après, le gouverneur général faisait publier par son cabinet une brochure qui développait son explication du «terrorisme» en Algérie :

> Le F.L.N. cherche ainsi à frapper l'opinion publique, à dresser la population européenne contre les musulmans et à obliger les responsables de la sécurité à prendre des mesures plus fermes à l'encontre de la population musulmane afin de provoquer chez cette dernière du ressentiment et de la rancœur à l'égard des Européens. [...] Ce qui constitue l'objectif essentiel de la rébellion, sa véritable raison d'être : la lutte contre le colonialisme, expression qui revient comme un leitmotiv dans les documents des hors-la-loi[2].

La logique des attentats était limpide, puisque chacun pouvait facilement appréhender le sens de la lutte qui était conduite par le Front de libération nationale et comprendre, en l'occurrence, comment les agissements spécifiques des membres du «réseau bombes» de la Zone autonome d'Alger s'y inscrivaient. Toutes les autres luttes de libération nationale, quelle que fût leur base populaire et quoi qu'on en pensât, furent aussi transparentes dans l'orientation finalisée de leurs voies et de leurs moyens.

La violence devint à nouveau opaque lorsque des organisations clandestines d'extrême-gauche basculèrent dans la «guérilla urbaine» au tournant des années 1960-1970. Cette opacité ne provenait pas, comme à l'époque des attentats anarchistes, d'un manque d'explications données à la violence ; ces organisations étaient au contraire généralement plutôt verbeuses. Le problème résidait précisément dans la propension au verbiage de leurs communiqués et autres textes théoriques qui étaient difficilement compréhensibles par ceux qui étaient censés réagir à la «propagande armée». Aucune des organisations communistes combattantes qui essaimèrent durant la période ne parvint ainsi à «être les catalyseurs d'un certain processus» révolutionnaire, selon les termes de Mario Moretti (2010, 277), leurs paroles et leurs actes rencontrant peu d'écho populaire, même

---

(1) *Le Monde*, 23 mars 1957.
(2) *Le Monde*, 14 décembre 1957.

en Italie où les partisans de la lutte armée parvinrent à dépasser le stade groupusculaire.

Bien qu'inaudible pour la «couche de classe» qui aurait dû répondre à l'appel aux armes, le verbe révolutionnaire livrait l'erreur d'appréciation stratégique qui conduisit les groupes de lutte armée dans une impasse militaro-politique. Reprenant le modèle latino-américain de la «guérilla urbaine» – lui-même fondé sur une transposition du modèle des guérillas rurales en milieu urbain – les membres des organisations communistes combattantes ne saisirent apparemment pas que les villes ne sont pas le terrain propice à l'enracinement initial et au développement ultérieur d'une guerre révolutionnaire prolongée. S'il fallait effectivement se plonger dans la phraséologie de ces organisations, ce n'était pas vraiment pour prévoir la réalisation de l'une ou l'autre de leurs actions, mais plutôt pour comprendre le blocage qui allait enrayer le mécanisme tout idéologique de leurs conceptions stratégiques.

Alain Bauer et François-Bernard Huygue (2010, 2) n'ont pas tort d'affirmer que, lorsqu'il est question d'attentats, «acte et texte sont en fait indissolublement liés». Ce lien est cependant beaucoup moins simple à caractériser que le laisse entendre le titre de leur ouvrage : *Les Terroristes disent toujours ce qu'ils vont faire*[1]. Sous ses différentes formes, le verbe ne se combine pas toujours de la même manière avec les actes.

Il prend parfois la forme d'une rationalisation *a posteriori* d'une action qui n'avait pas véritablement été préalablement programmée et planifiée ; ce fut le cas des premiers textes théoriques rédigés en 1972 par la Rote Armee Fraktion, ce fut – en partie du moins – le cas de l'*Appel* diffusé par al-Souri en 2004.

Le verbe prend quelquefois la forme d'un authentique programme d'action qui fixe les orientations stratégiques de la lutte ; ce fut le cas des «thèses finales» de *L'Abeille et le communiste*, le texte le plus élaboré des Brigades rouges, qui considéraient – à tort – que la lutte armée était entrée dans une «conjoncture de transition»[2].

Il peut également prendre la forme d'une revendication qui, si elle est entendue par les autorités, permettra de mettre un terme aux violences ; ce fut le cas de la lettre adressée à Alexandre III par la Volonté du Peuple après que ses membres eurent tué le père du destinataire, exigeant de ce

---

(1) Si le titre ne rend pas vraiment compte des analyses développées par les deux auteurs, il signale tout de même un paradoxe de leur démarche qui prétend démontrer la possibilité d'anticiper des évolutions violentes, mais dans le cadre d'une démonstration qui se construit *a posteriori*.

(2) Ces thèses reposaient sur l'idée – fallacieuse – que les Brigades rouges avaient dépassé la phase de «propagande armée» et devaient assumer la tâche de construction du «parti communiste combattant» afin d'assurer la transition vers la «guerre civile». *Corrispondenza internazionale*, vol. 6, n° 16-17, 1980, pp. 251-270.

dernier qu'il prît les mesures propres à démocratiser la vie politique de la Russie.

Le verbe peut aussi prendre la forme d'une incitation à l'action qui appelle les destinataires du message à rejoindre la lutte ; ce fut le cas de la *Déclaration du Front islamique mondial pour le jihad contre les Juifs et les Croisés* d'Oussama ben Laden qui invitait en 1998 à «tuer les Américains et leurs alliés».

Il peut tout aussi bien prendre la forme d'une revendication visant autant à assumer, à expliquer qu'à menacer ; parmi de multiples exemples, citons le cas du Front de libération nationale de la Corse qui, dans un communiqué diffusé après le plasticage de plusieurs supermarchés en septembre 2012, revendiqua une action censée lutter contre la «paupérisation de la société corse», signifia sa volonté de s'opposer «à la disparition programmée du commerce de proximité corse», tout en «mettant en demeure» les «tenants du profit à tout prix» de «baisser significativement [leurs] prix» et de «modifier leur stratégie commerciale»[1].

Le verbe peut encore prendre la forme d'introspections rétrospectives chez ceux qui ont commis des attentats et livrent leur expérience ; ce fut le cas de Zohra Drif (2013, 169), la poseuse de bombe du Milk Bar, qui «ni en 1956, ni en 1957, ni aujourd'hui ni jamais» ne regretta son acte ; ce fut le cas de Boris Savinkov (2003) qui s'interrogea, dans un roman largement autobiographique, sur l'éthique de la violence ; ce fut aussi le cas de Renato Curcio (1993, 230) qui revint sur le «tas de ruines éparpillées» constitué par les «anciens postulats stratégiques» des Brigades rouges, sans se «dissocier» ni «abjurer».

Enfin, on ne saurait négliger que le verbe est l'indispensable élément qui permet d'interpréter l'acte et de procéder à sa classification dans le registre de la violence ; ce sont les propos délirants de Lortie qui révélèrent sa personnalité perturbée, ce sont les cris des frères Kouachi dans la rue Nicolas-Appert qui indiquèrent initialement l'inspiration jihadiste de la tuerie de Charlie Hebdo. En revanche, lorsque l'attentat n'est accompagné d'aucun indice verbal, le doute s'insinue quant à sa véritable signification, comme dans le cas de la bombe qui explosa dans un RER à la station Port-Royal, le 3 décembre 1996, ou des assassinats derrière lesquels se profile l'action de services secrets ou d'officines conspiratives.

Le verbe est donc tout aussi indispensable à celui qui veut exprimer le sens de ses actes qu'à celui qui veut tenter de les comprendre. Sa puissance se révèle pleinement lorsque s'ajoutent à sa fonction assertive une force proclamative et une vertu mobilisatrice. Le jihadisme est ainsi parvenu à conjuguer efficacement une geste guerrière et un puissant idéal racoleur

---

(1)http://forumdespeuplesenlutte.over-blog.com/article-communique-du-flnc-uc-re-vendique-action-contre-la-vie-chere-110111542.html

qui permet d'exalter, de sanctifier et d'ériger en héros les auteurs d'attentats. À elles seules, les violences armées clandestines ne suffisent certes pas à forger un tel mythe qui doit pouvoir compter sur des actions plus authentiquement guerrières pour devenir véritablement crédible. Mais, lorsque la figure du *moudjahid* se profile derrière celle de l'auteur de l'attentat, la seconde se nourrit de la première dans une sorte de communion combattante douteuse qui sera d'autant plus redoutable si elle est magnifiée par la propagande.

Dans ces conditions, on comprend combien peuvent être contre-productives les stratégies de communication gouvernementale qui érigent en «actes de guerre» des attentats meurtriers, après avoir assimilé à des «terroristes» les insurgés, guérilleros et autres combattants irréguliers ou semi-réguliers contre lesquels étaient engagées les armées occidentales en Orient et en Afrique. La confusion des mots et des idées a en réalité contribué à nourrir un phénomène qui semble sans cesse échapper à ceux qui le combattent, le commentent ou l'analysent. Dans le cas du jihadisme, la puissance du verbe belliqueux est maîtrisée par ceux qui lancent des appels à la violence, entendue par une partie des destinataires du message, mais confronte apparemment à des difficultés ceux qui prétendent l'interpréter et l'expliquer. Du moins est-ce l'impression que donnent les avis des experts qui se sont prononcés sur la proclamation du califat par Abou Bakr al-Baghdadi, en juin 2014, ou qui commentent plus généralement les ressorts du jihadisme armé[1].

Bref, l'intelligibilité d'un attentat procède de la confrontation de l'acte aux mots, ceux-ci nous livrant – plus ou moins distinctement – des éléments susceptibles d'éclairer la logique d'action dans laquelle il s'inscrit. La réponse à la question de la portée tactique de l'attentat réside dans ce travail d'interprétation qui sera d'autant plus difficile si le tumulte médiatique contribue à brouiller les données du problème.

---

(1) Mathieu Guidère en fournit un bon exemple. Initiateur de la «linguistique prédictive» qui prétend anticiper la menace par l'analyse du langage, il déclarait en été 2014 à propos de la proclamation du califat: «L'État Islamique n'existe que sur les territoires qu'il contrôle, ce qui va complètement à l'opposé de la nature même d'un califat. Cet État là n'est pas islamique, car il n'est pas reconnu par les musulmans. Cet État islamique n'est pas un État et il n'est pas islamique. Pour des médias et des politiques, continuer à l'appeler ainsi revient à participer à une vaste usurpation d'identité. La seule manière à laquelle je puisse penser pour désigner, correctement, objectivement, ce groupe serait juste l'organisation al-Baghdadi.» http://geopolis.francetvinfo.fr/etat-islamique-la-megalomanie-dun-homme-41457

L'attentat en soi,
l'attentat-spectacle

> – Quand votre oncle, Han Capture-les-Tigres, disait
> qu'on pouvait parler avec vous de la stratégie de Sun et
> de Wou, faisait-il allusion aux moyens réguliers et irré-
> guliers ?
> – Comment cette buse de Han Capture-les-Tigres
> aurait-il saisi toute la subtilité de la dialectique du ré-
> gulier et de l'irrégulier ? Pour lui, les moyens réguliers
> étaient les moyens réguliers et les moyens irréguliers les
> moyens irréguliers, un point c'est tout. Il n'a jamais pu
> lui entrer dans le crâne qu'ils pouvaient se renverser l'un
> dans l'autre à l'infini.
>
> Taizong Li Weigong wendui

Selon Daniel Dayan (2006, 18), «le terrorisme et les médias sont devenus des partenaires indissociables, les coproducteurs de l'un des grands genres discursifs contemporains». Dans la perspective de l'auteur, l'affirmation a quelque chose de tautologique dès lors que la dimension communicationnelle et médiatique est précisément retenue comme trait discriminant de la «violence terroriste». Elle contient toutefois une idée intéressante que l'on peut utilement transposer à l'étude des attentats, ou du moins d'une partie d'entre eux, ceux qui ne sont pas cantonnés à des entrefilets ou tout simplement passés sous silence.

Si l'*attentat en soi* relève exclusivement de la logique d'action de celui qui le perpètre, l'*attentat-spectacle* est effectivement une coproduc-tion dans laquelle l'auteur de l'acte n'est plus seul à le mettre en scène. L'attentat-catastrophe précédemment évoqué en est l'archétype, mais c'est

plus généralement tout attentat faisant l'objet d'une représentation icono-
graphique qui entre dans la catégorie de l'attentat-spectacle.

Dès le XVIe siècle, l'attentat politique fit l'objet de représentations sous
forme d'estampes offrant des reconstitutions à prétention documentaire
des événements. L'estampe de Jean-Jacques Perrissin représentant l'assassinat du duc de Guise (François), le 18 février 1563, fut l'une des premières du genre ; elle condense en une seule image les différentes phases de
l'attentat, du moment où le tireur s'y prépara à sa fuite en passant évidemment par l'acte proprement dit. Conçues sur un même principe, d'autres
estampes proposèrent par la suite des tableaux quasi-animés des principaux attentats politiques commis dans une période qui en fut foisonnante :
le coup d'arquebuse dont fut victime l'amiral de Coligny dans une rue de
Paris, le 22 août 1572 ; l'assassinat du 3e duc de Guise (Henri) dans le
château de Blois, le 23 décembre 1588 ; ou encore celui d'Henri III à Saint-
Cloud, le 1er août 1589[1].

Ces estampes représentaient des scènes qui, en elles-mêmes, étaient
spectaculaires, mais elles introduisaient une perspective distanciée par
rapport à l'événement ; c'était plus particulièrement le cas de celles qui
spécifiaient l'action des différents protagonistes identifiés par des lettres
renvoyant à des légendes figurant sous l'image. L'ambition était de recons-
tituer le drame en offrant l'opportunité de le visualiser à celui qui n'aurait
en aucun cas pu s'identifier à l'événement.

Deux siècles plus tard, un changement de perspective intervint avec
l'attentat de la rue Saint Nicaise. Plusieurs estampes représentèrent l'explosion de la machine infernale sur le vif, telle qu'elle aurait pu être obser-
vée par un témoin de l'événement. La gravure de Jean Duplessis-Bertaux
illustrant le mauvais roman *Hilaire et Berthille ou la machine infernale* (Sewrin,
1801) représente ainsi la déflagration tuant chevaux ou passants et projetant dans les airs les débris de la charrette sur laquelle était posé le baril
de poudre. La présence incongrue parmi ces débris d'un bébé également
soufflé par l'explosion, comme en suspension dans les airs, visait manifestement à frapper les esprits en accentuant l'idée – totalement nouvelle
– d'une irruption de l'attentat politique dans la vie quotidienne de l'homme
ordinaire. Plusieurs autres estampes anonymes, dont la fameuse *Vue de l'explosion de la machine infernale rue Saint-Nicaise à Paris*[2], fréquemment retenue
pour illustrer des textes ultérieurs traitant de l'événement ou de la violence
politique en général, adoptent une même scénographie de corps projetés

---

(1) Une partie des estampes consacrées à ces événements sont visibles sur le site numérique
de la Bibliothèque nationale : http://gallica.bnf.fr.
(2) Visible dans la photothèque de musée de la Malmaison, http://musees-nationaux-mal-
maison.fr.

très haut dans les airs sous l'effet d'une déflagration qui dévaste soudainement la rue.

Karine Salomé (2012, 3-4) l'a relevé, cette figuration inédite du souffle de l'explosion homicide est une convention tout au long du XIXᵉ siècle lorsqu'il s'agit de représenter des attentats commis au moyen de matières explosives. Ajoutons que l'invention de la photographie ne frappa pas d'obsolescence l'estampe ou le dessin de presse qui présentaient l'avantage de figurer un événement dont les photographes ne pouvaient saisir que les traces.

L'attentat perpétré contre le roi de Yougoslavie à Marseille, le 9 octobre 1934, marqua un premier tournant dans l'histoire de la médiatisation de l'attentat politique. Non seulement les journaux purent publier une photographie de l'assassin monté sur le marchepied de la voiture officielle, mais une partie des faits fut filmée par des opérateurs de cinéma venus couvrir la visite royale. Ces images firent à la fois «entrer l'attentat dans le grand circuit de la marchandise» (Bertho Lavenir, 2002, 31) et constituèrent une «innovation radicale dans la publicisation de l'attentat» (Monier, 2012, 5). Ce dernier n'était plus figuré, il était saisi dans la réalité de son déroulement. Une étape importante de la représentation spectaculaire de l'attentat était franchie, mais il s'agissait toujours d'une représentation différée des faits que l'on savait, au moment où on les visionnait, terminés. En outre, les images étaient encore contenues par deux limites: d'une part, la photographie publiée dans la presse était insérée dans un article qui lui donnait sa signification; d'autre part, le film des événements diffusé aux actualités cinématographiques avait été monté et là aussi était accompagné d'un commentaire préalablement rédigé.

Le tournant décisif intervint avec le développement de la télévision et de l'information en direct. S'il faut donner un point de départ à ce processus qui érigea progressivement l'attentat en véritable spectacle, on peut retenir «l'affaire du chalet du mont Asama» qui se déroula du 19 au 28 février 1972 dans la préfecture de Nagano, sur l'île de Honshû, au Japon. Durant ces dix jours, cinq membres de la Rengo Sekigun (Armée rouge unifiée) en fuite séquestrèrent une femme dans un chalet de montagne assiégé par la police, sous l'objectif des caméras de télévision. L'événement fut non seulement très largement couvert par les journaux télévisés quotidiens et des émissions spéciales, mais l'assaut – laborieux – du chalet par la police fut retransmis en direct sur la chaîne publique NHK (Nippon Hōsō Kyōkai, Compagnie de diffusion du Japon) de 9h40 à 20h20[1].

La couverture médiatique du siège du chalet du mont Asama brouilla la frontière entre information et spectacle (Perkins, 2015, 51), mais les événements en eux-mêmes ne possédaient pas l'intensité dramatique des

---

(1) http://www.nhk.or.jp/digitalmuseum/nhk50years_en/history/p16/index.html

attaques du 11 septembre 2001 ou des attentats parisiens de janvier et novembre 2015 qui constituent, pour l'instant du moins, les exemples les plus aboutis de l'attentat-spectacle. Dans tous les cas, il s'agissait d'attentats-catastrophes justifiant l'interruption des flux médiatiques routiniers et la mise en place de dispositifs extraordinaires – émissions spéciales, retransmissions en direct – dans lesquels se révéla pleinement la coproduction de l'événement mentionnée par Daniel Dayan.

Si les auteurs des attentats fournirent la matière brute des événements, ce fut leur traitement médiatique qui, au-delà de l'information, en fit un véritable spectacle se développant selon une double scénographie.

À un premier niveau scénographique, c'est le déroulement de l'attentat lui-même qui est construit progressivement par la combinaison de séquences de direct, d'images filmées durant l'événement mais diffusées en différé, de déclarations officielles et de témoignages rétrospectifs. Dans le cours des émissions spéciales, le récit des faits s'enrichit ainsi constamment dans un balancement étourdissant entre la reconstruction chaotique de ce qui s'est passé et l'incertitude inhérente à une situation dans laquelle il peut encore se passer quelque chose.

À un second niveau scénographique, le spectacle se déroule sur les plateaux de télévision où journalistes et experts s'attachent à donner une signification au flot d'images et de paroles désordonnées qui sont livrées au public. On l'a vu précédemment, l'avis de l'expert est important pour donner une signification immédiate à l'attentat et contribuer ainsi à stabiliser le chaos événementiel auquel est confronté le spectateur. Peu importe que cet avis soit autorisé, peu importe que le propos soit fondé ; des experts pouvaient ainsi parfaitement affirmer que le comportement des frères Kouachi dans la rue attestait leur solide entraînement militaire, au moment même où l'un devait aider l'autre à replacer le magasin de sa kalachnikov, sans que cela ait beaucoup d'importance. Sur un plateau de télévision, l'expert est dans son rôle dans le double sens du terme : il assume, avec plus ou moins de bonheur, sa fonction d'expertise, mais il joue aussi le rôle de celui qui remet de la raison dans le développement aberrant des événements au sein de l'espace public.

Même si ce que l'on peut nommer le «marché médiatique de l'expertise antiterroriste» (Deltombe, 2008, 303) en France remonte à la fin des années 1980, il ne s'est pleinement révélé dans sa fonction spectaculaire que dans un contexte plus récent, et plus particulièrement lors des émissions spéciales diffusées en direct lors des attentats de janvier et novembre 2015 à Paris, puis lors des attentats de Bruxelles du 22 mars 2016. L'expert n'est pas véritablement là pour analyser la logique d'action de celui qui a perpétré l'attentat – logique qu'il ne peut que gauchement extrapoler dans l'immédiat – il est là pour justifier une autre logique qui est celle de la mise en scène médiatique de l'événement.

En pastichant Guy Debord (1992, 16), on pourrait dire que le spectacle de l'attentat ce n'est pas les images des événements en tant que telles, mais les rapports sociaux entre les personnes qui président à la médiatisation de ces images et celles qui les consomment. Tout se joue en réalité dans les espaces médiatiques; prioritairement les plateaux de télévision, mais aussi les sites électroniques des organes de presse et les réseaux sociaux, espaces au sein desquels s'organisent des échanges d'images, de témoignages, de déclarations et autres scoops desquels émerge confusément une signification provisoire de l'événement. Collant au temps de l'attentat, le commentaire à chaud des faits interdit toute distanciation, et, s'il se pare des oripeaux de l'analyse, c'est souvent à ses dépens.

L'urgence de l'expertise répond à la tyrannie du direct. Elle est aussi une opportunité à la fois pour ceux qui en font un véritable business (Deltombe, 2008) et pour des chercheurs aux prétentions plus académiques qui y trouvent l'occasion d'exister médiatiquement. Les deux catégories ne sont d'ailleurs pas étanches, puisque les premiers cherchent à s'identifier aux seconds qui, pour leur part, sont aussi intéressés à décrocher des postes, obtenir des crédits de recherche ou vendre des livres. L'attentat-spectacle est aussi un faire-valoir qui participe à des véritables stratégies entrepreneuriales.

En soi, cette participation au spectacle n'a rien de scandaleuse. Certains experts médiatiques sont au bénéfice d'une véritable érudition sécuritaire et assurent des prestations scéniques tout à fait remarquables. Le problème réside plutôt dans le formatage du discours sur le «terrorisme» qui est de plus en plus tributaire de cette connivence qui s'est instaurée entre expertise médiatique, journalisme et gouvernance sécuritaire dans le contexte du traitement de l'information dans l'urgence du direct. Le psittacisme, cette propension à répéter machinalement ce que d'autres ont dit sans y réfléchir, est un risque permanent dans des situations où l'information est lacunaire et le temps de la réflexion pratiquement inexistant. Les compétences «militaires» des frères Kouachi – des «véritables commandos très bien formés» – sont ainsi réaffirmées durant plusieurs jours dans tous les médias par les intervenants les plus divers, alors même que les images qui faisaient l'objet de cette assertion ne s'y prêtaient aucunement.

Bien qu'il n'offre qu'une représentation approximative de l'attentat en soi, l'attentat-spectacle dans sa variante attentat-catastrophe développe une trame narrative à la fois captivante et révélatrice de la dimension anxiogène de certaines formes d'attentat politique. Fondamentalement, le ressort narratif de l'attentat-catastrophe est le suspens. Le dénouement incertain de l'événement justifie le prolongement des émissions spéciales et la retransmission en direct de son déroulement en suscitant une attente plus ou moins angoissée dans le public.

Dans le cas de l'affaire du chalet du mont Asama, l'intérêt du spectacle résidait dans le destin de la personne séquestrée, les conditions dans lesquelles la police parviendrait à donner l'assaut et le sort que connaîtraient les cinq membres du groupuscule clandestin. Les composantes narratives du drame – au double sens du terme – étaient circonscrites par le huis clos dans lequel il se déroulait et qui limitait à la fois les conditions de son dénouement et les facteurs d'incertitude dans le public.

Quoique que cette configuration fût présente dans les événements parisiens de janvier et novembre 2015, leur trame dramatique était globalement différente. Elle était beaucoup plus proche de celle de l'attentat-catastrophe du 11 septembre dans la mesure où l'attente angoissée des autorités, des médias et du public était suscitée par la possibilité de la réitération rapide de l'événement dont les contours étaient incertains. Autrement dit, l'incertitude ne résidait pas, comme dans le cas d'une prise d'otages, dans les conditions du dénouement d'un drame dont les issues possibles étaient limitées, mais dans la possibilité d'un nouveau rebondissement dramatique insoupçonné. Le spectacle de l'attentat permit de saisir sur le vif ce qui est moins immédiatement perceptible dans le contexte d'une série d'attentats ou d'une campagne d'attentats, à savoir que le caractère anxiogène de la violence ne réside pas uniquement dans l'angoisse que provoque son irruption dans l'espace public, mais aussi – et surtout – dans l'incertitude relative à la possibilité de sa répétition. L'anxiété anticipatoire est ainsi le véritable fondement du climat anxiogène qui peut émerger d'une situation dans laquelle l'espace public est régulièrement perturbé par l'irruption de la violence clandestine.

Condensant en quelque sorte le phénomène de l'attentat politique dans ses formes les plus exacerbées, l'attentat-spectacle attire l'attention sur l'ambivalence du discours qui ambitionne d'expliquer le «terrorisme». D'un côté, ce discours contribue à remettre de la raison dans ce qui semble parfaitement déraisonnable et, de ce fait, participe à la stabilisation de l'espace public. D'autre côté, ce discours concourt à troubler cet espace dans la mesure où la trame narrative qui permet de commenter les images de la violence en émerge et ne peut que difficilement s'en émanciper. Si l'anxiété générée par le déchaînement de la violence n'est assurément pas le produit artificiel du discours sur le terrorisme, l'anxiété anticipatoire inhérente à l'attente angoissée du dénouement des événements est, quant à elle, effectivement coproduite par celui qui a commis l'attentat et ceux qui lui donnent un cadre interprétatif.

Lorsque la production de ce cadre interprétatif devient elle-même un spectacle, il existe un réel risque que l'attentat en soi ne soit plus qu'un prétexte et que la logique d'action dans laquelle il s'inscrit soit perdue de vue. Il n'est pas seulement ici question de la multiplication des «plateaux», débats, interviews et autres interventions médiatiques d'experts dans le temps de latence qui sépare un attentat d'un autre, mais plus générale-ment de l'inflation des discours ostentatoires sur des objets aussi délicats à manier que le «terrorisme» et la «radicalisation» qui, par la magie de l'approximation, sont devenus des quasi-synonymes.

❊
❊ ❊

Radicalisation ?

Attaquer un problème par le mauvais bout, voilà qui est
désastreux!

Confucius

En matière de violence politique, tout étant censé désormais s'expliquer par le phénomène de la radicalisation, il était difficile de ne pas
consacrer quelques paragraphes à la notion.

L'attentat ne serait-il rien d'autre que le produit de la radicalisation de
celui qui le commet ? Si tel est le cas, expliquer et comprendre l'attentat ne
revient-il pas simplement à étudier le processus de radicalisation dont il est
l'aboutissement ? Le succès médiatique de la notion, son emploi généralisé,
le sérieux qui la nimbe semblent indiquer l'existence d'un consensus sur la
réponse à apporter à chacune de ces questions.

On peut assurément répondre oui à la première question en restant
enfermé dans un raisonnement circulaire qui poserait pour principe qu'on
ne peut commettre d'attentat sans être préalablement radicalisé (d'une
manière ou d'une autre). Il est en revanche plus difficile de répondre affir-
mativement à la seconde question dont la formulation même indique les
limites du discours relatif à la radicalisation politique. Ce discours n'a d'ailleurs pu se populariser que sur la base d'un malentendu : la réelle signification de la notion de radicalisation.

Pour faire simple, disons qu'au moins trois significations différentes de
la notion coexistent et permettent de créer l'illusion d'un consensus, là où
il n'y a en réalité qu'absence de réflexion sur la dénotation du mot.

Dans un premier sens général (celui de l'étymologie du mot et celui
du langage courant), la notion de radicalisation caractérise le durcisse-
ment d'une ligne politique qui, de modérée, devient plus extrême. Même
si l'action de se radicaliser indique l'exacerbation d'un antagonisme poli-

tique ou social, elle se situe encore au sein de l'espace légitime de l'action politique et n'implique pas nécessairement le recours à la violence. Le refus du compromis, l'intransigeance, le raidissement d'une position politique ou le jusqu'au-boutisme sont autant de formes de radicalisation qui peuvent aussi bien affecter un gouvernement, un parti politique, un groupe social, une organisation quelconque ou l'opinion publique en général. Les syndicalistes des années 1930 ont ainsi pu se disputer sur la réalité de la «radicalisation des masses», le directeur de la revue *Esprit* sommer le gouvernement de Pierre Mauroy de choisir entre «radicalisation» et «modération», un théologien analyser la «radicalisation progressive» de la très pacifique Mission populaire évangélique et les politologues suisses constater la «spectaculaire radicalisation» d'un parti gouvernemental[1].

À ce sens premier est venu s'ajouter depuis les années 1980 une signification plus spécialisée, issue de la sociologie des mouvements sociaux. De l'influence que pouvait exercer une aile radicale sur l'action et les opportunités politiques d'un mouvement social, l'interrogation évolua vers une analyse des processus de radicalisation dans le contexte de la démobilisation des mouvements sociaux. Sans entrer dans le détail de modèles d'analyse relativement complexes, il importe de relever qu'ils ambitionnent d'étudier les processus de radicalisation en articulant trois types d'interactions : celles entre le mouvement social et les institutions, celles entre les différentes composantes organisationnelles du mouvement social et celles internes aux militants de chacune de ces composantes.

La terminologie forgée dans cette perspective nous est familière, puisque c'est apparemment la même que celle largement utilisée actuellement dans les médias : «radicalisation», «processus de radicalisation», «déradicalisation». Une différence de taille sépare pourtant les deux usages de la notion : dans un cas, elle concerne des phénomènes collectifs et n'est pas exclusivement centrée sur le recours à la violence, alors que, dans l'autre cas, l'attention est toute concentrée sur l'individu et son passage à l'acte. Certes, ceux qui étudient les mobilisations sociales et les cycles de mobilisation adhèrent à l'idée d'un continuum entre les mouvements sociaux et le recours à la violence politique lorsque celle-ci en émane, mais ils ne font pas du déchaînement de la violence l'unique débouché des processus de radicalisation politique ; certes, ils s'intéressent aux trajectoires et aux motivations des militants qui se radicalisent, mais ce niveau «micro-analytique» ne prend sens que s'il est rapporté aux niveaux «méso-analytique» (dynamiques internes des mouvements sociaux et les interactions de leurs composantes) et «macro-analytique» (la structure des opportunités politiques influant sur les choix stratégiques des acteurs collectifs) de modèles

---

(1) Dans l'ordre : *La Révolution prolétarienne*, n° 102, 1er mai 1930 ; *Le Monde*, 8 avril 1982 ; Morley (1993, 13) ; Mazzoleni (2008, 135).

qui ont été taillés sur mesure pour rendre compte de l'oscillation entre radicalisation et institutionnalisation des mouvements contestataires de la seconde partie du XXe siècle.

La troisième signification de la notion de radicalisation ne s'est imposée dans le débat public que récemment ; à partir de 2004 dans les pays anglo-saxons selon Arun Kundnani (2012, 4), encore plus récemment en France et dans les pays francophones. Elle s'est développée sur le terreau favorable du discours sur l'islamisme qui, à partir des années 1980, recourut largement à la signification première du mot. Le lexique de la radicalité permettait de caractériser à la fois l'évolution d'un courant idéologique dans sa globalité et l'émergence d'une frange encore plus «radicale» au sein du mouvement islamiste, celle qui concevait l'interprétation la plus extrême des thèses de Sayed Qotb relatives aux deux mondes antinomiques[1]. Mais cette signification générale se dévoya en une signification beaucoup plus restrictive apparemment sous l'influence de trois tendances qui se manifestèrent dans le prolongement des attaques du 11 septembre.

La première relevait de l'intention, aussi bonne que sincère, de certains chercheurs qui désiraient donner une meilleure assise sociologique à l'étude du «terrorisme» en centrant leur attention sur les conditions dans lesquelles s'effectuait le passage à l'acte. La notion de radicalisation devait ainsi permettre de favoriser la réflexion sur les facteurs politiques, sociaux, économiques et psychologiques qui «sous-tendent» la violence politique, la notion devenant de ce fait le «meilleur véhicule» du débat sur le «terrorisme» (Neumann, 2008, 4). Mais assez rapidement, la réflexion s'est orientée sur la seule question des conditions qui présidaient au choix personnel de la violence, c'est-à-dire l'identification des facteurs de désocialisation et de resocialisation (radicale) de l'individu dans une approche de plus en plus ouvertement psychopathologique.

La deuxième tendance s'inscrivait dans une perspective plus immédiatement sécuritaire, dès lors qu'elle visait à anticiper le passage à l'acte et l'empêcher. La «linguistique prédictive» de Mathieu Guidère est sans doute la manifestation la plus significative de cette volonté de repérer les individus engagés dans un processus de radicalisation en identifiant précocement des auteurs d'attentats potentiels[2]. Dans cette perspective aussi, la radicalisation est une pathologie individuelle qui appelle la «déradicali-

---

(1) Le monde de l'islam et celui de l'ignorance et de la barbarie.
(2) La linguistique prédictive est définie par Mathieu Guidère (2010, 138-139) comme le «domaine d'analyse logico-sémantique qui traite de l'extraction d'informations, à partir des données disponibles, sur l'intention et le vouloir-faire des individus pour les utiliser ensuite dans le repérage de tendances idéologiques et de comportements futurs. [Elle analyse] les données du passé ou du présent concernant un individu ou une entité pour évaluer la probabilité que cet individu ou que cette entité fasse preuve d'un comportement spécifique à l'avenir».

sation» de celui qui a été endoctriné, c'est-à-dire son traitement psychologique et comportemental afin de changer ses idées et ses intentions.

La troisième tendance s'affirma dans la volonté de transposer les modèles de la sociologie des mouvements sociaux à l'analyse du jihadisme. Cette transposition pouvait prendre la forme d'une application minutieuse du modèle à une étude de cas (Hafez et Wiktorowicz, 2004, 61-88) ou celle d'une mise en perspective plus analogique qu'analytique (Kepel, 2003, 18-19).

À des degrés divers, chacune de ces tendances contribua à l'émergence de conceptions de plus en plus étriquées de la radicalisation jusqu'à en donner une définition aussi bancale que celle proposée par Farhad Khosrokhavar (2014, 7-8): «Processus par lequel un individu ou un groupe adopte une forme violente d'action, directement liée à une idéologie extrémiste à contenu politique, social ou religieux qui conteste l'ordre établi sur le plan politique, social ou culturel.»

Dans une telle conception, l'action violente est le débouché inévitable de toute forme de radicalisation, la notion véhiculant désormais une connotation déterministe qui se confirme lorsque l'auteur précise que «le domaine délimité par le terrorisme couvre en grande partie celui de la radicalisation» (Khosrokhavar, 2014, 17). L'identification précoce des individus en phase de radicalisation serait donc une méthode efficace de prévention du «terrorisme», les signes manifestant l'existence d'un processus de radicalisation étant autant d'indices d'un attentat en puissance. C'est sur la base d'un tel raisonnement que la «remontée des signaux faibles de radicalisation» a été érigée en méthode efficace de repérage des individus susceptibles de basculer dans le jihadisme. L'élaboration «d'indicateurs de détection des signaux faibles» était dès lors logiquement considérée comme un «outil» indispensable pour repérer les «différents comportements susceptibles de signaler l'engagement dans un processus de radicalisation» (Sueur, 2015, 134-135).

Cette logique kafkaïenne, dont le point de départ était un emballement pour une notion mal définie, trouva son aboutissement dans l'élaboration du tableau des «indicateurs de basculement» mis à disposition des écoutants de la plateforme téléphonique ouverte pour «identifier au mieux les situations de radicalisation». Le tableau était évidemment accompagné d'une notice précisant que seul un «faisceau d'indices» permet «un diagnostic de la situation» et que «pris isolément [ces indices] ne peuvent caractériser un processus de radicalisation», mais il n'en offrait pas moins un inventaire à la Prévert dont on ne citera que quelques exemples de «signaux faibles» relatifs aux traits de personnalité: «immaturité, instabilité, fragilités narcissiques, pauvreté voire absence d'affects, hypersensibilité, dogmatisme, refus du compromis, quête personnelle de réparation et de reconnaissance avec soit une sensibilité particulière pour l'humanitaire (filles en particulier) soit des aspirations guerrières ou chevaleresques (garçons leur permettant d'exprimer leurs pulsions agressives) [...][1]. »

Mal définie, la radicalisation est devenue une construction fantasmatique qui est probablement plus contre-productive que l'imaginent ceux qui ont voulu en faire le pivot conceptuel des stratégies de lutte contre l'extrémisme violent. Le repérage des individus en phase de radicalisation crée non seulement les conditions d'une prophétie autoréalisatrice, il disperse aussi les ressources des services de sécurité qui ne sont plus concentrées sur la lutte contre des projets effectifs d'attentats, mais galvaudées dans la recherche précoce de ceux qui pourraient – peut-être – être éventuellement tentés d'en commettre. Que le système de surveillance et de suspicion généré par les adeptes de la détection de la radicalisation individuelle soit initialement parti d'une bonne intention ne change rien au fait que cette intention initiale ait évolué en un chaos discursif où se mêlent approximations terminologiques, emballements médiatiques, présomptions individuelles, déclamations pompeuses, facilités intellectuelles, lourdeurs bureaucratiques et exploitations lucratives.

Tout comme dans le cas de la définition de Farhad Khosrokhavar, les conceptions sécuritaires pêchent par excès de déterminisme en établissant les «trois caractéristiques cumulatives» de la radicalisation: «un processus progressif, l'adhésion à une idéologie extrémiste, l'adoption de la violence»[2]. La signification première de la notion est vidée d'une partie importante de sa substance, puisqu'une telle approche ne permet pas de penser des processus de radicalisation qui ne débouchent pas nécessairement sur la violence et, par exemple, d'établir une distinction entre le salafisme quiétiste (non violent) et le salafisme révolutionnaire armé (le jihadisme). Une autre faiblesse de cette approche tient dans une confusion qui est révélée par la formulation relative aux «caractéristiques cumulatives»: le véritable problème qui est au centre des préoccupations est celui de l'*adhésion* à un mode de pensée radicale et pas tellement celui du phénomène de la radicalisation en tant que tel. À cet égard, Philippe-Joseph Salazar (2015, 191) n'a pas tort lorsqu'il écrit qu'il «faut dire "conversion" et non pas "radicalisation"»; comprenons conversion au projet subversif du salafisme révolutionnaire armé et non pas conversion à l'islam.

On ne saurait être trop prudent avec le maniement de la notion de radicalisation qui prête à toutes les approximations et toutes les confusions.

---

(1) Tableau de synthèse des indicateurs de basculement, http://www.interieur.gouv.fr/SGCIPD/Prevenir-la-radicalisation/Prevenir-la-radicalisation/Indicateurs-de-basculement.

(2) Référentiel des indicateurs de basculement dans la radicalisation, http://www.interieur.gouv.fr/SGCIPD/Prevenir-la-radicalisation/Prevenir-la-radicalisation/Indicateurs-de-basculement.

Pour notre propos, elle n'est profitable que si elle est utilisée avec discernement selon les conditions suivantes.

• Dans son acception la plus générale, la notion permet de caractériser des processus de raidissement idéologique qui exacerbent des antagonismes économiques, sociaux, politiques ou culturels.

• Cette acception justifie le recours au lexique de la radicalité pour identifier des milieux spécifiques qui sont affectés par ce raidissement ; on peut ainsi parfaitement concevoir, avec Peter Waldman (2010, 50-67), l'existence de «communautés radicalisées», de «réseaux radicaux» ou encore de «sous-cultures radicales».

• La signification plus spécialisée, issue de la sociologie des mouvements sociaux, est utile à la fois pour caractériser les relations qu'entretiennent les différentes ailes d'un mouvement social et pour l'analyse des processus de radicalisation dans le contexte des cycles de mobilisation et de démobilisation de ces mouvements ; le concept n'est toutefois opératoire que s'il est rapporté à la triple interaction qui se joue à chacun des trois niveaux d'analyse précédemment mentionnés.

• La transposition du modèle d'analyse à des contextes différents de ceux pour lesquels il a été forgé est délicate, en particulier lorsqu'il s'agit du jihadisme. D'une part, parce que le modèle ne prend pas suffisamment en charge le facteur identitaire (Sidel, 2006, 220) et l'imaginaire guerrier pour être rigoureusement appliqué à des études de cas. D'autre part, parce que les applications plus analogiques du modèle se heurtent à la fois au problème de la diversité des interactions qui se jouent à un niveau global entre les institutions et le mouvement dont est issu le jihadisme et au problème de la perception fondamentalement différente que les acteurs ont de la phase de la lutte dans laquelle ils se situent[1].

• Le processus de radicalisation se situe par définition en amont de l'attentat ; à cet égard, il n'appartient même pas au temps de la prépara-

---

(1) L'analogie effectuée par Gilles Kepel (2003, 43-44) entre le jihadisme et les organisations de lutte armée d'extrême-gauche des années 1970-1980 est certes intéressante, mais elle ne tient pas suffisamment compte d'un facteur dont l'auteur lui-même souligne l'importance cardinale : le caractère fondateur du jihad en Afghanistan. Dans l'imaginaire jihadiste, la guerre prolongée entre l'islam et ses ennemis a déjà débuté. La violence n'est ainsi pas le «catalyseur» d'un mouvement social qui serait sur le déclin, mais la manifestation concrète d'une lutte qui, pour être entrée dans une phase de repli après le 11 septembre 2001, n'en a pas moins déjà franchi le stade initial de la guerre de guérilla. Pour comprendre la perception que les jihadistes ont des différentes phases du combat dans lequel ils se sont engagés, il faut se rapporter à l'*Appel à la résistance islamique mondiale* d'Abou Moussab al-Souri.

tion de l'acte, mais à un temps encore antérieur qui est celui de la constitution d'une logique d'action.

• Ce n'est pas vraiment le processus de radicalisation qui peut permettre d'expliquer l'attentat ; ce processus explique la constitution d'une logique d'action qui, elle seule, contient les éléments susceptibles de donner du sens à la violence.

• La formation progressive d'une logique d'action collective n'est pas exactement la même chose que l'adhésion individuelle à une logique d'action préconstituée ou que l'initiative personnelle d'un acteur isolé ; on peut, si l'on veut, parler à chaque fois de radicalisation, mais il faut être conscient que l'on ne parle pas de la même chose.

Si l'on conçoit la radicalisation comme une sorte de montée aux extrêmes idéologique, il faut également considérer que ce processus contient *souvent* les ferments de la logique d'action dans laquelle s'inscrira le passage à l'acte[1]. Si ce dernier n'est pas l'aboutissement nécessaire de toutes les formes de radicalisation, il en est une issue possible tout comme la guerre est une continuation possible de la politique sans en être un prolongement nécessaire. En s'inspirant de la célèbre métaphore de Clausewitz (1999, 111), disons que le processus de radicalisation est la matrice dans laquelle se forme progressivement la logique d'action de l'attentat. Cette dernière n'est arrivée à son plein développement que lorsque se fixe le choix de la cible de l'attentat, choix dont l'examen contribue à éclairer cette logique.

✿
✿✿

---

(1) Souvent et non pas *toujours*, puisque certains attentats ne sont pas vraiment le fruit de ce que l'on peut nommer un processus de radicalisation ; c'est le cas de ceux qui relèvent du cynisme politique comme l'assassinat du duc de Guise ou l'attentat contre le Rainbow Warrior.

Le choix de la cible

> La liberté absolue, qui est celle de tuer, est la seule qui ne réclame pas en même temps qu'elle-même ce qui la limite et l'oblitère. Elle se coupe alors de ses racines, elle erre à l'aventure, ombre abstraite et malfaisante, jusqu'à ce qu'elle s'imagine trouver un corps dans l'idéologie.
>
> Camus

L a cible qui est visée par l'attentat a toujours une signification pour celui qui le perpètre. Pénétrer cette signification est un bon moyen d'accéder à la logique d'action dans laquelle s'inscrit l'acte.

Quoiqu'ils soient largement éclipsés par les actes homicides, les attentats visant des cibles matérielles ne sont pas sans intérêt, et il importe de les prendre initialement en considération. Ils oscillent entre le sabotage (fonction incapacitante) et l'acte démonstratif (fonction symbolique). La destruction de voies ferrées et de lignes télégraphiques préconisée par le parti socialiste-révolutionnaire russe au printemps 1906 s'inscrivait dans la première perspective, puisqu'il s'agissait de «désorganiser» les services locaux dans le contexte d'une insurrection révolutionnaire[1]. En revanche, l'attentat contre le monument Brock à Queenston Heights, dans l'Ontario au Canada, le 17 avril 1840, n'avait d'autre fonction que symbolique, en l'occurrence infliger un affront à l'orgueil britannique[2].

En période de guerre ou d'insurrection, la fonction incapacitante du sabotage prime, même si tout au long d'un conflit des attentats contre des

---

(1) *Sur la tactique générale du parti et sur la terreur politique, in* : Spiridovich (1930, 309-310).
(2) Le monument commémore la mémoire d'Isaac Brock, général britannique tué lors de la bataille de Queenston Heights, le 13 octobre 1812. La colonne de pierre fut partiellement détruite par l'explosion d'un baril de poudre, vraisemblablement placé en haut de la colonne par Benjamin Lett, le «Rob Roy du Haut Canada».

biens matériels peuvent également avoir valeur symbolique. En période de violences sporadiques, c'est plutôt le contraire : la fonction incapacitante tend à s'effacer derrière la fonction symbolique. Quelle que soit la configuration conflictuelle, la seule manière d'évaluer le poids respectif des fonctions incapacitante et symbolique d'un attentat non homicide est de considérer ce que le résultat permet de réaliser à celui qui l'a commis et ce que ce résultat entrave dans l'action de son adversaire.

La distinction entre fonction incapacitante et fonction symbolique ne recouvre pas exactement la distinction entre composantes réactive et proactive de l'acte. L'une se rapporte au choix de la cible de l'attentat, l'autre à la logique d'action dans laquelle s'inscrit l'attentat. La fonction incapacitante peut se conjuguer avec une logique d'action à composante proactive (destruction des moyens de communication dans la logique insurrectionnelle des socialistes-révolutionnaires russes) ou réactive (destruction de bâtiments dans la station de ski de Vail, dans le Colorado, le 19 octobre 1998, par le Earth Liberation Front afin de protéger l'écosystème du lynx). De même, la fonction symbolique peut se conjuguer avec une logique d'action à composante proactive (pression exercée par le FLNC sur les grands distributeurs) ou réactive (destruction du monument Brock en représailles des opérations britanniques).

Cette double distinction est également utile pour l'étude des attentats homicides, pour lesquels il faut tout de même adapter la fonction incapacitante qui ne relève plus d'un acte de sabotage, mais de l'élimination d'un importun mis hors d'état de nuire. C'est la perspective du tyrannicide classique qui, dans la personne du tyran, ne vise pas tant le symbole de la tyrannie que celui qui l'exerce concrètement. Un raisonneur tel que Nikolaï Morozov a certes pu considérer que le tyrannicide avait valeur pédagogique[1], mais un tel raisonnement n'était assurément pas celui qui avait guidé le bras de Brutus ou de Jacques Clément. Aux yeux de celui qui commet l'acte, la cible contient sa propre justification, son élimination permettant de réparer le préjudice subi par la collectivité. Les composantes réactive et proactive de l'attentat s'équilibrent parfaitement, dès lors que la cause de ce préjudice disparaît au moment même de l'acte. Il s'agit de la forme la plus élémentaire de l'attentat politique homicide à partir de laquelle on peut concevoir ses variantes.

Faut-il également inclure dans la logique du tyrannicide les cas dans lesquels la fonction incapacitante s'exerce sur un tyran de seconde zone, un de ceux qui exercent leur tyrannie sans être le réel détenteur du pouvoir politique ? Monique Cottret (2009, 11) répond négativement en excluant les tyrannies « de substitution » du tyrannicide qui, lui, « ne s'applique qu'à un véritable chef ». Ce n'était pas la position de Morozov qui élargit le prin-

---

(1) N. Morozov, *Terroristicheskaya Borba*, *in* : Laqueur (1987, 74).

cipe et la pratique du tyrannicide aux agents les plus odieux de l'autocratie afin de les «punir» de leurs actes. Pour ces cas, on peut retenir la notion de «tyrannicide de substitution» de Monique Cottret en précisant que la composante réactive de l'acte – l'idée de punition chez Morozov – l'emporte sur sa composante proactive lorsque ce n'est pas le véritable tyran qui est visé.

D'autres attentats homicides partagent la fonction incapacitante du tyrannicide, sans toutefois pouvoir se parer des mêmes justifications philosophiques. L'élimination physique discrète de l'adversaire politique, de l'activiste trop entreprenant ou du critique trop virulent relève d'une logique d'action qui se nomme par euphémisme «raison d'État». Si elle cherche à se justifier par l'invocation d'une nécessité réactive face à une menace (le critère supérieur motivant une mesure exceptionnelle et arbitraire), elle semble souvent relever d'une mesure proactive dont le seul but est d'éliminer un gêneur en dehors de toute procédure judiciaire.

Enfin, entrent dans la catégorie des attentats homicides à la fonction prioritairement incapacitante les assassinats de cadres des services de sécurité et de l'administration dans le contexte d'un soulèvement insurrectionnel (l'équivalent homicide du sabotage comme l'établissaient les socialistes-révolutionnaires dans leur programme de 1906) et l'usage par des insurgés d'engins explosifs improvisés contre des unités armées en opération. Dans tous les cas, c'est le contexte insurrectionnel qui donne sa signification au choix de cibles tactiques dont la destruction doit contribuer à une plus vaste offensive ou opération.

Dans le cas de l'occupation militaire d'un territoire, le principe tellurique de Carl Schmitt élargit le choix des cibles au-delà des forces combattantes de l'adversaire. Le soldat isolé ou hors d'état de se défendre, le personnel de l'administration d'occupation, le collaborateur local sont susceptibles de devenir autant de victimes de celui qui veut défendre son «coin de terre». La fonction incapacitante peut toujours être évoquée pour justifier les coups portés à l'adversaire, mais elle coexiste souvent avec une fonction plus symbolique qui vise à la fois à promouvoir l'esprit de résistance et à compliquer la tâche de l'occupant. Que la composante principale de cette logique d'action soit réactive semble évident, mais il importe de ne pas négliger sa composante proactive lorsque l'acte démonstratif vise sciemment à provoquer des représailles qui contribueront à leur tour à polariser la situation conflictuelle.

Avant de considérer les manifestations contemporaines de ces stratégies d'intensification des antagonismes, il faut également tenir compte d'une évolution dans le choix des cibles des attentats politiques en temps de paix. Comme l'a relevé Mario Turchetti (2013, 984), la nouvelle forme d'État qui est apparue au XIXe siècle a considérablement changé les conditions dans lesquelles pouvait se penser et se pratiquer le tyrannicide. Que l'idée du meurtre du tyran ne fût pas vraiment morte et qu'elle se fût «déguisée» est chose qui peut se discuter; ce qui ne se discute pas, en revanche, est la diversification des cibles des attentats politiques à partir du tournant des XIXᵉ et XXᵉ siècles.

Chefs d'État et têtes couronnées furent encore victimes de violences dont la fonction était désormais résolument symbolique, comme on le comprend avec l'assassinat imbécile de l'impératrice Élisabeth d'Autriche par Luigi Lucheni à Genève, le 10 septembre 1898[1]. Mais d'autres attentats anarchistes des années 1890 annonçaient la dilution de cette forme de violence politique dans l'espace public. Ravachol plaça ses bombes devant le domicile de magistrats, Vaillant jeta la sienne dans le Palais-Bourbon, Léhautier frappa le premier bourgeois venu, alors que Henry choisit de viser les consommateurs d'un grand café. Le choix du jeune anarchiste, on l'a vu, suscita l'incompréhension de ses contemporains qui ne parvenaient pas à saisir la logique d'un tel acte, tout comme aujourd'hui les violences jihadistes stupéfient les opinions publiques.

Sans entrer dans le détail du choix de Henry, plus longuement analysé ailleurs (Rapin, 2014, 88-92), disons que l'auteur de l'attentat du café de l'hôtel Terminus s'inscrivait dans la même logique de représailles que Ravachol, Vaillant et Léhautier, mais qu'il avait une conception plus radicale de la nature de la lutte qui était engagée entre les anarchistes et la société bourgeoise. Le conflit était perçu comme une véritable «guerre» dont la montée aux extrêmes justifiait de frapper «en bloc». Interrogé lors de son procès sur les raisons qui l'avaient poussé à s'attaquer à des «innocents», Henry répondit que «les bourgeois [n'étaient] jamais innocents» et que «ceux-là aussi [devaient] avoir leur part de représailles»[2].

La composante réactive de la logique d'action du jeune anarchiste s'inscrivait dans un processus d'escalade de la violence, qui impliquait de frapper toujours plus fort en réponse à la répression (l'action réciproque clausewitzienne, adaptée, en l'occurrence, à la lutte des classes), mais Henry y greffa un raisonnement individuel qui poussait à son paroxysme la polarisation conflictuelle entre l'ami et l'ennemi. Dans un texte rédigé à la Conciergerie, peu avant son exécution, le condamné à mort formula un aphorisme brutal qui indiquait le dédain absolu du lanceur de bombe pour ses victimes: «J'aime tous les hommes dans leur humanité et pour ce qu'ils devraient être, mais je les méprise pour ce qu'ils sont[3].» Aussi brutal qu'il soit dans sa formulation, cet aphorisme doit demeurer à l'esprit de qui veut

---

(1) Notons au passage que la lecture des Mémoires de Lucheni (1998) est très profitable à qui s'intéresse aux processus «d'autoradicalisation» et au rapport entre logiques d'action collectives et individuelles.

(2) *La Justice*, 29 et 30 avril 1894.

(3) «Réflexions d'Henry à la Conciergerie», *in*: Badier (2007, 200).

comprendre comment des motivations apparemment altruistes peuvent conduire aux pire crimes.

Les motivations de Henry ne sont pas strictement transposables à d'autres logiques d'actions individuelles, en particulier en ce qui concerne cette singulière conjonction d'un profond amour de l'humanité et d'un tout aussi profond mépris des individus. Mais le mécanisme qui permet de lever les inhibitions associées à l'idée de frapper indistinctement dans la foule l'est. En dehors des attentats privés qui ont une logique qui leur est propre, les attentats indiscriminés procèdent d'une perception d'un environnement conflictuel qui exacerbe la polarisation entre deux groupes antagonistes engagés dans une lutte existentielle. Dans ces conditions, la responsabilité de la montée aux extrêmes de la violence est rejetée sur l'adversaire qui, lorsqu'il est frappé en bloc, ne reçoit que la rétribution de ses propres actes.

Que cette perception soit totalement erronée n'a pas vraiment d'importance comme le démontre l'exemple étonnant de la secte Aum Shinrikyō, responsable des attaques au gaz sarin à Matsumoto, dans la préfecture de Nagano au Japon, le 28 juin 1994, et dans le métro de Tokyo, le 20 mars 1995. Alors même que son gourou, Asahara Shōkō, accusait les ennemis de la secte de l'attaquer au moyen de substances chimiques, le noyau dirigeant d'Aum Shinrikyō œuvrait secrètement afin de fabriquer des armes de ce type. L'accusation avait sans doute pour but de légitimer les efforts d'armement de la secte et d'expliquer les problèmes de santé de certains de ses membres exposés aux substances toxiques issues de ses propres laboratoires (Reader, 1996, 68-69), mais on ne saurait exclure que le gourou et ses comparses fussent suffisamment perturbés pour croire à leurs propres élucubrations[1].

Le cas de la secte japonaise est à vrai dire exceptionnel. Dans d'autres configurations, la perception de l'environnement conflictuel est moins fantaisiste.

La guerre d'Algérie offre un bon exemple de montée aux extrêmes dans laquelle les forces en présence rejettent sur leur adversaire la respon-

---

(1) Asahara Shōkō commença à évoquer publiquement l'utilisation du sarin contre Aum Shinrikyō au printemps 1994, à un moment où la secte était déjà engagée dans un programme de production du gaz depuis plusieurs mois (Reader, 1996, 6) et avait déjà tenté de produire d'autres armes de destruction massive depuis le début des années 1990 (Danzig, 2011, 18). Mais, dans la chronologie fictive élaborée par Asahara en 1994, les prétendues attaques au sarin contre Aum Shinrikyō avaient débuté dès la fin des années 1980, soit à une époque où la secte ne songeait pas encore à s'équiper en armes de ce type. Initialement, Asahara semble avoir voulu se pourvoir en armes bactériologiques afin de perpétrer des assassinats individuels, puis être passé à l'idée de leur utilisation indiscriminée. Selon Richard Danzig (2011, 20), il ne faut pas imaginer l'existence d'une «stratégie» dans la volonté des dirigeants d'Aum de se doter d'armes de destruction massive, mais une «fascination» pour cette technologie. Aum Shinrikyō offre non seulement un exemple de prophétie (apo-

sabilité du déchaînement de la violence et de leurs propres actes. Ainsi, les attentats du Milk Bar et de la Caféteria du 30 septembre 1956 étaient-ils censés se justifier par l'attentat de la nuit du 10 août à la rue de Thèbes, dans la Casbah d'Alger. Yacef Saadi (2002, vol. 1, 265 et 277) illustre parfaitement ce processus d'attribution de la responsabilité de la violence à l'ennemi: l'attentat de la rue de Thèbes «acculait [le FLN] à prendre des mesures de représailles»; «l'idée des bombes à Alger [venait] de l'adversaire». Le choix de cibler des cafés fréquentés par des civils était dans cette logique une sorte de non-choix, raisonnement qui permettait de dépasser le cas de conscience posé par l'anticipation des conséquences de l'acte:

> J'imaginais avec appréhension ce qu'une bombe peut causer comme dégâts matériels et humains. Mais avions-nous le choix? Il me semblait que notre conscience serait sauve du moment que nos adversaires ne lésinaient pas sur cette matière (Saadi, 2002, vol. 1, 278).

Mais un raisonnement du même type pouvait tout aussi bien se tenir dans l'autre camp, celui des «ultras» qui avaient perpétré l'attentat de la Casbah et pouvaient invoquer des exactions commises en d'autres circonstances par le FLN pour justifier leur acte.

L'intérêt de ces démonstrations paralogiques, venant d'un bord ou de l'autre, ne réside pas dans la possibilité de déterminer une responsabilité première; il réside en ce qu'elles reflètent approximativement, c'est-à-dire le principe de l'action réciproque. Si ce principe, qui n'est en l'occurrence rien d'autre que la composante réactive de la logique d'action, n'explique pas vraiment le choix d'une cible déterminée, il impulse plus généralement la volonté de poursuivre l'épreuve de force et l'escalade de la violence.

Pour traduire cette volonté dans les faits, le chef de la zone autonome d'Alger devait doublement faire la preuve de la capacité de riposte de son organisation; vis-à-vis de ses adversaires – les «ultras» qui pratiquaient le «contre-terrorisme» et les autorités françaises, qu'il importe de distinguer – et vis-à-vis des habitants de la Casbah, ce que Yacef Saadi (2002, vol. 1, 263) résume en affirmant qu'il fallait «rééquilibrer le danger». Les uns devaient être assurés que le FLN pouvait surenchérir dans l'épreuve de volonté en plaçant le danger au cœur de la vie quotidienne dans la «ville européenne». Les autres devaient être rassurés sur la capacité de l'organisation clandestine à rendre coup pour coup. Il ne s'agissait pas tellement de «venger» les morts de la rue de Thèbes, et ainsi d'assouvir la soif de représailles de la Casbah, mais plutôt d'éviter que s'insinue dans la population

---

calyptique) autoréalisatrice, mais aussi l'exemple du mélange détonnant entre mystiques dévoyés et scientifiques bizarres dans le contexte d'une communauté fermée sur elle-même convaincue d'être victime d'une conspiration.

l'idée d'une perte de l'initiative qui aurait pu faire germer une autre idée : celle de fuir la Casbah en privant ainsi le FLN de son bastion algérois.

La logique que suivait la direction de la zone autonome d'Alger n'était donc pas simplement de «répandre la terreur» dans la population européenne de la ville, mais bien de signifier sa capacité à frapper cette population et à poursuivre ainsi l'escalade de la violence jusqu'à ce que l'un des adversaires en présence cède. Alger ne pouvait rester en dehors des horreurs du conflit ni pour les «ultras» ni pour le FLN qui avaient au moins un intérêt commun, celui de faire échouer les efforts d'une partie des autorités qui cherchait une solution de compromis.

Cette froide logique se combinait facilement avec le profond ressentiment des individus qui partageaient, en un autre temps et en un autre lieu, l'idée de Henry selon laquelle «ceux-là aussi [devaient] avoir leur part de représailles». Zhora Drif (2013, 118 et 132), qui déposa la bombe du Milk Bar, l'explique très clairement dans ses Mémoires : elle et ses camarades du «réseau bombes» ne supportaient pas de voir les Français d'Alger «nager dans leur bonheur» et «vivre dans la douceur de la paix». Il fallait «porter la guerre en territoire ennemi», «faire pénétrer la peur dans la vie jusque là insouciante des colons».

La bonne question n'est pas : pourquoi tue-t-on des innocents ? La bonne réponse n'est pas : pour répandre la terreur ! La vraie question qui se pose est d'un ordre un peu différent, puisqu'elle est de savoir pourquoi la catégorie de l'innocence cesse d'être pertinente aux yeux de celui qui commet l'attentat. Quant à la réponse, elle réside dans les composantes réactive et proactive d'un acte qui procède d'une perception, plus ou moins fondée, de l'environnement conflictuel de celui qui le perpètre.

La perception de cet environnement peut être partagée sans que la détermination des individus à agir soit identique. L'une des trois poseuses de bombe du 30 septembre émit initialement quelques réserves en raison de la présence de femmes et d'enfants dans les lieux publics visés, réserves que leva Yacef Saadi (2002, vol. 1, 284) en rétorquant que «cette question a déjà été tranchée par les Européens eux-mêmes». Parmi les cinq membres d'Aum Shinrikyō chargés de percer les pochettes de sarin dans le métro de Tokyo, Hayashi Ikuo «faillit flancher» en regardant une femme et son enfant, mais se considéra comme trop engagé dans sa mission pour reculer (Murakami, 2013, 24). Dans les deux cas, la concurrence entre facteur émotionnel (le sens moral) et facteur décisionnel (le poids de l'organisation) fut finalement réduite en faveur du second.

Les deux exemples précédents semblent indiquer que se joue au niveau individuel le même dilemme que celui évoqué par Yacef Saadi au niveau organisationnel et que, là aussi, il est tranché en se réfugiant dans l'idée du non-choix. Le problème de dissonance cognitive entre le sens moral et les besoins supposés de la communauté à laquelle appartient celui qui doit perpétrer l'acte est tranché en faveur des seconds qui sont priorisés par la pression du groupe et la soumission à l'autorité.

Bien connus et étudiés dans d'autres contextes, ces deux derniers phénomènes ont une part assurément importante dans l'accomplissement d'actes qui, en temps ordinaire, paraissent hors de l'entendement. Murakami Haruki (2013, 521) l'entrevit avec consternation lorsque certaines des victimes du métro de Tokyo lui avouèrent qu'elles auraient vraisemblablement percé les poches de gaz sarin, si elles avaient appartenu à la secte, habituées qu'elles étaient à obéir à leur hiérarchie. Mais la soumission à l'autorité et la pression du groupe, qui sont autant de moyens par lesquels la logique d'action collective s'impose à l'individu, ne sauraient tout expliquer. Lorsque c'est l'individu qui prend l'initiative de subvertir le sens moral commun, il faut envisager d'autres explications.

La sanglante errance de Mohamed Merah a choqué l'opinion et défié l'entendement par la «cruauté perverse» dont il fit preuve lors de son dernier attentat (Jordanov, 2015, 269). Merah prit non seulement l'initiative de chercher à rejoindre des groupes jihadistes armés dans différents pays (il y parvint finalement en été 2011 au Pakistan), de tuer froidement trois militaires à Toulouse et Montauban, les 11 et 15 mars 2012, mais aussi celle de tuer calmement des enfants dans une école juive de Toulouse, le 19 mars 2012, dont une fillette de 8 ans et un garçon de 4 ans achevés d'une balle dans la tête.

Ses premiers assassinats furent perpétrés dans un état d'esprit qui n'était apparemment pas différent de celui de Michael Adebolajo et Michael Adebowale qui tuèrent dans une rue de Londres un jeune soldat, Lee Rigby, le 22 mai 2013. Sur la scène même du crime, Adebolajo affirma pratiquer la loi du talion et avoir tué un militaire britannique parce que des musulmans étaient tués quotidiennement par des soldats britanniques[1]. Quant à Merah, il affirma devant le corps du maréchal des logis chef Imad Ibn Zieten, tué à Toulouse, «tu tues mes frères, moi je te tue» et devant celui du caporal Abel Chennouf, tué à Montauban, «tu as tué mes frères, c'est moi qui te tue» (Jordanov, 2015, 227 et 241).

Mais l'analogie s'arrête là. Adebolajo attendit l'arrivée de la police sur le lieu de son crime, espérant mourir en martyr et s'excusant d'avoir imposé un tel spectacle à des femmes, puis revendiqua lors de son procès le statut de «soldat en guerre contre la Grande-Bretagne»[2]. Pour sa part, Merah voulait tuer en série et termina sa séquence homicide par un acte d'une rare abjection. Le massacre de l'école juive n'était pourtant pas fixé dans

---

(1) Filmée par un passant, la déclaration d'Adebolajo fut rapidement diffusée sur internet où elle est encore visionnable.

(2) http://www.bbc.com/news/magazine-25424290.

l'agenda du tueur pour la journée du 19 mars qui devait apparemment être consacrée à l'assassinat d'un nouveau militaire qui avait fait l'objet de repérages la veille. Les circonstances le contraignant à renoncer à son projet initial, Merah improvisa une tuerie d'une toute autre nature. Cette improvisation donne à penser que le tueur se galvanisait à la simple idée de tuer, et que l'assassinat d'enfants juifs, loin de lui poser un problème moral, lui donnait satisfaction.

Lors du siège de l'appartement dans lequel il était retranché, Merah aurait affirmé à la fois avoir éprouvé un «plaisir infini» à tuer et être un «autodidacte de l'islam»[1]. Pour le dire différemment, le jihadisme lui offrait un cadre idéologique dans lequel il put laisser libre cours à ses pulsions homicides. Merah était certainement un psychopathe[2]; mais, dans les échanges qu'il entretint avec la police lors du siège de son appartement, il apparaît aussi comme un individu impulsif et un peu stupide qui s'était lancé dans une sorte de jeu exaltant et mortifère dont il était le sinistre héros. Aux antipodes de l'exécutant qui se soumet à la pression du groupe ou à celle de l'autorité, Merah est l'exemple extrême du jeune exalté qui identifie le jihadisme à une sorte d'aventure violente et valorisante, propre à l'épanouissement d'une perversité narcissique. Qu'il fût un cas extrême ne doit pas nous faire négliger l'existence de ce trait de caractère chez ceux que la violence fascine.

N'importe quel projet politique agrège des individus aux traits de personnalité les plus divers. Le salafisme révolutionnaire armé ne possède donc pas le monopole des personnalités psychologiquement perturbées, même si l'on peut raisonnablement supposer qu'elles sont surreprésentées dans un mouvement à la propagande on ne peut plus morbide. Et c'est précisément en matière de propagande qu'une partie du mouvement jihadiste se distingue en élevant Merah au rang de modèle. Alex Jordanov (2015, 265-266) l'a mis en évidence dans son ouvrage, mais c'est un témoignage recueilli par David Thomson (2014, 222-225) qui en donne la meilleure illustration :

> Ils ont raison d'avoir peur en France, et moi je vais même leur dire qu'ils ont pas assez peur. En réalité, ils ont pas assez conscience de la menace qui pèse sur eux, *in sha Allah*. Allah va leur envoyer beaucoup de Mohamed Merah. Il a ouvert une voie. C'est le revificateur du *jihad* en France. [...] L'objectif c'est

---

(1) *Le Monde*, 25 mars 2012.
(2) Il est inutile de ratiociner sur ce point, tel ce chercheur qui crut bon d'écrire à propos de Merah : «On aurait à faire à un psychopathe, un fou, au mieux, en guise d'explication, un sadique, prenant plaisir à tuer comme l'attesterait un comportement distant et sans empathie pour ses victimes. Ce type d'explication est le reflet d'une pensée limitée qui dépolitise l'événement.» *Le Monde*, 26 mars 2013. Tout aussi limitée est la pensée qui ne reconnaît pas un psychopathe en un individu qui tire à bout portant dans la tête d'un enfant de 4 ans en toute délectation.

d'abord de ramener la guerre sur les terres des *kouffar* [mécréant]. L'objectif, c'est aussi de changer la donne dans la balance de la terreur. Nous, on a une chose qui s'appelle la loi du talion. Eux, ils peuvent venir chez nous, tuer nos femmes, tuer nos enfants. Alors moi je viens chez eux, je tue leurs enfants et je tue leurs femmes. Et pour tous ceux qui disent que c'est pas *halal* [licite] le fait de viser les femmes et les enfants, il y a beaucoup de hadith sur ce point. La règle générale c'est vrai, c'est «tu ne tues pas les femmes et tu ne tues pas les enfants». Mais il y a des exceptions à ces règles. Et dans les opérations de Mohamed Merah, tout est *halal*. Y a pas d'ambiguïté. Il faut agresser les *kouffar* partout où vous les trouverez. Et encore mieux si c'est dans leur pays à eux parce que les *kouffar*, ils n'ont pas l'habitude de voir des morts, de voir du sang, ni de voir la guerre. Eux, ils sont d'accord avec la guerre quand ils la voient pas, d'accord avec les morts quand ils les voient pas. Et ça ne les choque pas que des enfants meurent tous les jours parce qu'ils ne les voient pas. [...] Attaquer les choses étatiques et ceux qui combattent l'islam, beaucoup préfèrent faire ça. Mais si moi demain si je devais taper la France, c'est les civils qui devraient s'inquiéter. Parce que les militaires sont des *kouffar*, ça on le sait. Mais les civils, eux, ils se sentent trop pas concernés par le fait que leur armée tue des gens. Donc, moi je pense que les civils sont des gens à attaquer. Ceux-là, ils voient par leur télé et par internet des gens en train de se faire tuer. Donc, ça s'appelle de la non-assistance à personne en danger. Ils font rien, donc ils sont coupables. Alors moi je viens chez eux, je rentre dans leur maison et je les tue.

Ainsi s'exprimait Abu Nai'im, un ancien dealer de banlieue, après un an passé dans les rangs de l'État islamique en Syrie. De tels propos peuvent indigner; ils ne sauraient cependant étonner si on les rapporte aux cas précédemment évoqués. Le raisonnement change d'échelle, il se globalise, mais il repose sur le même principe d'une montée aux extrêmes qui justifie de faire symétriquement endurer à toutes les composantes du camp adverse les affres de la guerre.

Les attentats commis dans les pays occidentaux ne sont pas des «actes de guerre», pas plus en septembre 2001 aux États-Unis qu'en novembre 2015 en France. Ce ne sont que des attentats, mais perpétrés par des individus percevant un monde qui est entré dans une guerre prolongée depuis plusieurs décennies.

*
* *

L'attentat suicide

Il nous faut maintenant nous attaquer au problème le plus difficile que soulève la mort. La mort juste, la mort que l'on choisit au nom d'une cause que l'on a elle-même choisie, une telle mort peut-elle exister réellement ?

Mishima Yukio

L'attentat suicide constitue une sous-catégorie particulière au sein de la catégorie générale de l'attentat politique, mais ses contours exacts ne sont pas toujours évidents à déterminer.

Deux approches différentes du phénomène sont concevables. L'une, étroite, pose pour principe qu'une attaque suicide implique que la mort de l'attaquant soit le moyen par lequel se réalise l'attaque; ce qui exclut de la catégorie toutes les attaques dans lesquelles la survie de l'attaquant est extrêmement improbable, mais demeure «théoriquement possible» (Horowitz, 2015, 71). L'autre, plus large, propose une approche moins déterministe qui vise à éviter le «postulat du suicide volontaire» et substitue à la notion d'attentat suicide celle de «violence autosacrificielle» (Blom, 2011, 869)[1].

La seconde approche semble plus profitable que la première, mais pas forcément – ou du moins pas uniquement – pour les raisons invoquées, à savoir la nécessité d'adopter «une approche qui, sans nier le souhait de mourir de certains exécutants, ni l'intérêt de déterminer leurs motivations individuelles, ne fasse pas de ces dernières le principal point d'entrée à la compréhension de la violence autosacrificielle» (Blom, 2011, 868). Une raison plus fondamentale relève de la distinction opérée par Maurice Halbwachs (1930, 477) entre le suicide et le sacrifice, distinction reposant

(1) Sur la notion de violence autosacrificielle, voir la contribution intéressante, quoique très axée sur les «régimes de subjectivité», de Hamit Bozarslan (2006, 71-90).

81

sur le regard que la société – ou un groupe social déterminé – porte sur chacune de ces pratiques de la mort volontaire : contrairement au suicide, l'acte sacrificiel est au diapason d'une volonté collective quelconque[1].

Les travaux consacrés aux attentats suicides au cours des deux dernières décennies sont loin d'être sans intérêt, et sont, à vrai dire, souvent plus stimulants dans leurs analyses que ceux consacrés au «terrorisme» en général. Ces travaux sont toutefois focalisés sur un *modus operandi* qui est ce que les Anglo-Saxons nomment les *suicide bombings*, c'est-à-dire uniquement les attentats perpétrés au moyen d'explosifs et entraînant la mort de celui qui les porte ou les transporte.

Quoique cette restriction permette de définir un objet d'analyse parfaitement cohérent, elle est susceptible de créer un malentendu en laissant penser qu'il recouvre toute la catégorie des violences autosacrificielles. Or, il ne faut pas se laisser abuser par la temporalité interne du *modus operandi* concerné, en considérant comme essentiel ce qui relève en fait seulement des conditions d'utilisation d'une arme spécifique. Dans l'attentat suicide au moyen d'explosifs, il y a certes simultanéité entre la réalisation de l'attentat et la mort de celui qui le perpètre, mais on ne saurait en déduire que, lorsqu'il y a un décalage – plus ou moins important – entre ces deux temps, on serait en présence d'un phénomène différent.

La détermination et le comportement d'Amedy Coulibaly lors de la prise d'otages de l'Hyper Cacher de la Porte de Vincennes, le 9 janvier 2015, ne rapprochent-ils pas son acte des attentat suicides[2]? Le fait que la police n'ait pas répondu au vœu de Michael Adebolajo, en le blessant simplement au lieu de l'abattre, change-t-il vraiment quelque chose à l'état d'esprit

---

(1) Les violences autosacrificielles sont fréquemment assimilées à ce que Durkheim nomme les «suicides altruistes», voire même à la sous-catégorie des «suicides altruistes obligatoires» (Duclos, Hermant, 2006, 9). Il s'agit d'une interprétation contestable. D'une part, parce que les violences considérées relèveraient plutôt des «suicides altruistes facultatifs» et même, plus précisément, d'une forme particulière que Durkheim (1897, 240 et 262) nomme «suicide héroïque». D'autre part, parce que le père fondateur de la sociologie française précise que, dans l'expérience, les «espèces» de suicide se «combinent entre elles de manière à donner naissance à des espèces composées» (Durkheim, 1897, 324). En considérant que le suicide et l'acte sacrificiel constituent «deux espèces différentes», Maurice Halbwachs (1930, 453) offre le moyen de comprendre pourquoi le «suicide héroïque» n'est précisément pas conçu comme un suicide par le groupe auquel appartient l'auteur de l'acte sacrificiel. Autrement dit, ceux qui se réfèrent à Durkheim en la matière auraient tout intérêt à prêter attention à l'avertissement de Marcel Mauss figurant dans l'avant-propos des *Causes du suicide* : «Il serait imprudent, peu scientifique, absurde, quand on se sert du *Suicide* de Durkheim de ne pas se reporter constamment aux *Causes du Suicide* de M. Halbwachs.»
(2) Dans le documentaire de Dan Reed, *Janvier 2015, au cœur des attaques* (36:40), la caissière de l'Hyper Cacher rapporte les paroles de Coulibaly après qu'elle lui eut demandé s'il voulait de l'argent : «T'as vraiment rien compris [...] je suis venu pour mourir en martyr [...].» Quant aux circonstances du dénouement de la prise d'otages, on les connaît, les images de Coulibaly se précipitant sur les forces de l'ordre ayant fait le tour du monde.

dans lequel l'assassin de Lee Rigby prépara et perpétra son crime ? Autrement dit, peut-on raisonnablement isoler les *suicide bombings* de la culture du martyre dans laquelle ils s'inscrivent et qui s'accommode parfaitement d'autres *modi operandi* ?

Au-delà du cas du jihadisme, c'est toute l'histoire des attentats politiques qui peut être interrogée dans la perspective de la volonté autosacrificielle de celui qui perpètre l'acte. Jing Ke savait qu'il s'engageait dans une mission «sans retour» lorsqu'il partit à la cour du roi de Qin, le futur «premier empereur», pour tenter de l'assassiner[1]. Jacques Clément imaginait sans aucun doute le sort qui lui était réservé après avoir poignardé Henri III et ne fut nullement étonné que «alant meurdri le Roy, il fust tué soudain; sans forme de procès; et combien qu'il fust prebstre; il fust exécuté, pour faire à tous congnoistre; la grand' desloiauté qu'il cachoit en son sein»[2]. Quant à Robert François Damiens, il répondit qu'il «savait bien qu'il ne pouvait pas faire ce coup-là sans être arrêté» lorsqu'on lui demanda s'il avait «imaginé pouvoir assassiner le roi [Louis XV] sans être arrêté et pouvoir échapper à la justice»[3]. Un régicide qui agissait par le fer, et ne bénéficiait d'aucun appui dans l'entourage de sa victime, allait donc aussi sûrement au trépas que s'il eut actionné une hypothétique ceinture d'explosifs.

L'histoire japonaise recèle également quelques cas intéressants d'attentats dans lesquels la mort de leurs exécutants était irrémédiablement programmée, quoique différée par rapport à l'accomplissement de l'acte. Retenons-en deux: l'affaire des *47 ronin* de l'ère Genroku (1688-1704) et le suicide de Mishima Yukio au quartier-général des forces terrestres d'autodéfense du Japon, le 25 novembre 1970. Dans le premier cas, la mort par *seppuku*, ou *harakiri*[4], de 46 des *47 ronin* – qui avaient décidé de venger leur défunt seigneur en décapitant, deux ans plus tard, celui qui était responsable de son décès – était la conséquence inévitable de la vengeance honorable qu'ils avaient patiemment ourdie. Dans le second cas, la prise en otage du général Mashita Kanetoshi et la harangue factieuse aux troupes

---

(1) L'histoire, telle qu'est est narrée par Sima Qian dans ses *Mémoires historiques*, est toute imprégnée de logique autosacrificielle: Tian Quang, qui recommanda Jing Ke au prince Dan, se suicida afin de stimuler le premier dans sa mission, alors que Jing Ke parvint à convaincre le général Fan de se trancher la gorge afin qu'il puisse apporter sa tête au roi de Qin, stratagème qui lui permit de l'approcher. *Records of the Historian: Chapters from the Shih Chi of Ssu-ma Ch'ien*, New York: Columbia University Press, 1969, pp. 45-67.

(2) Pierre de L'Estoile, *Registre-journal de Henri III*, Paris: Chez l'éditeur du commentaire analytique du Code civil, 1837, p. 303.

(3) *Précis historique concernant Robert François Damiens, avec les principales pieces de la procédure instruite contre lui & les co-accusés*, s.l.: s.n., 1757, pp. 77-78.

(4) Les deux termes sont synonymes. Le premier est formé de deux kanji signifiant littéralement «couper» «ventre», le second des deux mêmes kanji auxquels s'ajoute un troisième signifiant «raison». «principe» ou «logique».

rassemblées à la demande de Mishima étaient le simple préambule qui lui permit de mettre en scène son suicide politico-esthétique[1].

Les exemples précédents illustrent simplement une considération plus générale de Durkheim (1897, 3) relative au suicide:

> Il n'est même pas nécessaire que l'acte émané du patient ait été l'antécédent immédiat de la mort pour qu'elle en puisse être regardée comme l'effet; le rapport de causalité peut être indirect, le phénomène ne change pas, pour cela, de nature. L'iconoclaste qui, pour conquérir les palmes du martyre, commet un crime de lèse-majesté qu'il sait être capital, et qui meurt de la main du bourreau, est tout aussi bien l'auteur de sa propre fin que s'il s'était porté lui-même le coup mortel; du moins, il n'y a pas lieu de classer dans des genres différents ces deux variétés de morts volontaires, puisqu'il n'y a différences entre elles que dans les détails matériels de l'exécution.

Le seul *modus operandi* et la seule simultanéité de l'acte et de la mort de celui qui le perpètre ne permettent pas de caractériser la dimension auto-sacrificielle d'un attentat. Elle ne prend du sens que dans les logiques d'actions – individuelles ou collectives – au sein desquelles elle s'inscrit et dont le *modus operandi* n'est qu'un élément qui, pris isolément, ne livre qu'une image très partielle de l'acte. Une partie de ces exemples incite également à considérer l'existence de *cultures autosacrificielles* qui peuvent imprégner ces logiques d'action et leur donner une coloration particulière. Comme le démontre le cas japonais, il ne s'agit pas nécessairement de «culture du martyre», mais il est vrai que c'est au sein d'une culture de ce type que se sont multipliés les attentats autosacrificiels dans une période récente.

Plus exactement, une partie du mouvement jihadiste a progressivement élaboré une sous-culture du *suicide bombing* en tentant de renouer avec une tactique militaire beaucoup plus ancienne et en l'exploitant tant sur le plan opérationnel que sur celui de la propagande. Nommée «amok martial» par John Spores (1988, 11-29), pratiquée en Inde et en Insulinde au moins depuis le XIIIe siècle, cette tactique fut mise en œuvre dans le cadre d'un jihad armé spécifique dans le sultanat de Jolo au tournant des XIXe et XXe siècles.

Considérée sur le seul plan du *modus operandi*, cette tactique consistait en un «engagement furieux dans une bataille, une attaque résolue et for-cenée» (Marsden, 1812, 16) qui permettait d'infliger des pertes à l'ennemi avant que l'assaillant fût lui-même tué[2]. Dans le sultanat de Jolo, cette forme de violence était ritualisée, consacrée religieusement et culturelle-

---

(1) Le suicide de Mishima est un acte complexe qui ne se laisse pas enfermer dans des interprétations simples; c'est celle de Yamanouchi Hisaaki (1972) qui est ici retenue.
(2) La définition du mot amok donnée par William Marsden au tournant des XIXe et XXe siècles tend à confirmer l'ingénieuse hypothèse de John Spores selon laquelle «l'amok solitaire» – la frénésie homicide d'un individu – dériverait de «l'amok martial».

ment, sous le nom de *parrang sabbil* (guerre sainte)[1]. Également connu sous le nom espagnol de *juramentados* (ceux qui ont prêté serment), le phénomène a suscité des interrogations et des controverses très similaires à celles qui nourrissent le débat sur le jihadisme contemporain : rapport entre facteurs religieux et politique[2], catégorisation du phénomène selon les motivations de l'acteur[3], poids des pathologies individuelles dans le passage à l'acte[4], importance respective des motivations personnelles et collectives[5] ou encore caractérisation de l'acte en termes suicidaires[6].

Chacune de ces questions suffirait à justifier une mise en perspective comparative des formes passées et présentes de violences autosacrificielles dans le cadre d'un jihad armé, mais l'évocation du cas du sultanat de Jolo vise surtout à saisir l'ambition qui anime les stratèges contemporains du *suicide bombing*, celle de créer un véritable ethos sacrificiel pleinement intégré dans une culture stratégique originale. Certes, comme l'a mis en évidence Assaf Moghadam (2009, 59), la promotion d'un esprit autosacrificiel «excédant largement [...] en ampleur et en profondeur» le culte du martyr des organisations libanaises et palestiniennes ayant précédemment recouru aux attentats suicides se manifeste déjà chez les pères fondateurs d'Al-Qaida. Mais la multiplication des «opérations martyre» en Afghanistan, en Irak, puis en Syrie et, surtout, le nouvel accent mis sur la valorisation de ces opérations par la propagande des groupes jihadistes ont donné une nouvelle dimension à la figure du martyr.

La nuance qui sépare la conception habituelle du martyre de celle qui s'est profilée depuis plusieurs années dans les mouvements jihadistes

---

(1) Expression apparemment issue du malais, *parang* signifiant guerre, *sabil* voie ; en l'occurrence, *sabil* était l'abréviation de *sabil allah* (voie de Dieu), Marsden (1812, 163 et 211) indiquant également *parang sabil allah* comme «guerre sainte».

(2) Najeeb Saleeby (1913, 24-25) a contesté le poids du facteur religieux, qui jouerait «un rôle secondaire», et a identifié le phénomène à un «patriotisme féroce», alors que des auteurs tels que Thomas Kiefer (1986, 132-134) et Cesar Adib Majul (1973, 359) conservent toute son importance à ce facteur.

(3) Miguel Espina (1888, 344) considérait «qu'en réalité» bon nombre de cas de *juramentados* n'en étaient pas vraiment, puisque le mot était utilisé chaque fois que des *moros* (musulmans) étaient mêlés à des actions violentes.

(4) L'identification de la *parrang sabbil* à «l'amok solitaire» – c'est-à-dire à une folie meurtrière – était fréquente, interprétation contre laquelle s'élevèrent Kiefer (1973, 112-113), Majul (1973, 353) et Fulton (2007, 28).

(5) Eduardo Ugarte (1999, 159-169) s'est inspiré du concept d'habitus chez Bourdieu pour dépasser l'opposition entre logique d'action collective et logique d'action individuelle et ainsi cerner «l'homogénéité» des dispositions individuelles à s'engager dans la *parrang sabbil*.

(6) Franklin Ewing (1955) et Thomas Kiefer (1986, 132-133) caractérisent tous deux le phénomène en termes de «suicide rituel», mais l'un et l'autre semblent discerner que la présence d'une «menace» en temps de guerre situe le phénomène en dehors des conceptions habituelles du suicide. Majul (1973, 355) est plus catégorique, puisqu'il considère qu'il ne s'agissait nullement de suicide, mais d'un devoir individuel face à une invasion étrangère.

relève à la fois du *modus operandi* de l'action sacrificielle et de l'héroïsation de celui qui la conduit.

Généralement, une «opération martyre» consistait à actionner des explosifs que l'on portait sur soi, ou que l'on véhiculait sur l'objectif visé, sans que le vecteur de la charge ne fasse autre chose que de la transporter et de l'enclencher. L'ancienne pratique de l'*inghimas* (الانغماس) – plonger dans les rangs ennemis au cours d'une bataille sans se soucier de son sort – a été convoquée par Al-Qaida en Irak pour légitimer ce type d'action (Hafez, 2007, 117), mais cette analogie avec une tactique militaire des premiers temps de l'islam n'était pas entièrement convaincante. L'*inghimas* n'avait de sens que sur le champ de bataille et fut ultérieurement strictement codifiée par Ibn Taymiyya, un théologien sunnite qui appela au jihad contre les Mongols ilkhanides au début du XIVe siècle. Elle se justifiait dans trois situations : lorsqu'un combattant isolé plongeait dans les rangs des infidèles (pour les désorganiser), lorsqu'un homme seul bondissait sur un officier ennemi au milieu de ses troupes pour le tuer, lorsqu'un combattant, ou un petit groupe de combattants, demeurait sur le champ de bataille après la fuite de ses camarades pour infliger des pertes à l'ennemi malgré une mort assurée (Hatina, 2014, 48).

La «manipulation» (Molloy, 2009, 17) de la notion d'*inghimas* par les idéologues du salafisme révolutionnaire armé était plutôt évidente tant que le «martyr» avait pour seule fonction militaire de se faire exploser. Elle le devint un peu moins dès lors que le terme fut utilisé pour désigner un «type d'attaquant suicide pratiquant la guérilla et activant sa ceinture d'explosifs en dernier recours»[1]. Dans cette nouvelle acception, l'*inghimasi* est un combattant d'élite dont le mérite est encore supérieur à celui du simple martyr comme l'affirme l'éloge funèbre d'Abu Aisha al-Kosovi, un membre du Jabhat al-Nosra, tué en Syrie en 2013 :

> Il se pressa de venir au pays béni du Sham pour aider ses frères et fut l'un des premiers frères du Kosovo à rejoindre le jihad. Il devint rapidement *Inghimasi*. C'est le meilleur type de *chahada* [martyre] – selon les paroles du messager d'Allah, Mohammed (PBSL) – parce que dans l'*inghimas*, le *moudjahid* ne montre pas son dos à l'ennemi, mais le combat de face jusqu'au martyre[2].

La supériorité de l'*inghimasi* tient donc dans sa capacité à réellement participer à des combats, et à ne pas être le simple vecteur d'une charge explosive. C'est un véritable combattant qui n'est pas uniquement vénéré parce qu'il a sacrifié sa vie, mais aussi parce que ce sacrifice est l'achèvement

---

(1) http://english.al-akhbar.com/node/18385.
(2) *Heroes of Syria. Shuhada Stories from al-Sham*, p. 8. https://ia601402.us.archive.org/25/items/EbookHeroesOfSyria2014/HEROES-OF-SYRIA-2014.pdf.

édifiant d'une pratique belliqueuse. Autrement dit, ce qui est célébré dans l'*inghimasi*, c'est autant le guerrier héroïque que le martyr.

La figure de l'*inghimasi* est ainsi parfaitement appropriée à la geste jihadiste, puisqu'elle magnifie le sacrifice individuel tout en exaltant les forces morales du jihad. Mieux que le martyr purement explosible, elle donne forme à la fameuse sentence d'Oussama ben Laden énoncée dans sa *Déclaration de jihad contre les Américains* de 1996 (Kepel, 2005, 55) et régulièrement reprise par ses sectateurs, dont Mohamed Merah lors du siège de son domicile (Jordanov, 2015, 13) : «Ces jeunes-là aiment autant la mort que vous aimez la vie.» En l'occurrence, il se gaussait d'une déclaration du secrétaire d'État à la défense, William Cohen, qui avait affirmé qu'il ne fallait pas reculer devant des «lâches terroristes».

Tournant en dérision cette déclaration bravache, ben Laden affectait de ne trouver aucune bravoure chez ses adversaires et leur opposait la détermination des jeunes combattants du jihad. Quoiqu'il n'utilisât pas la notion d'*inghimasi*, c'est bien cette figure qui se profilait derrière les caractéristiques qu'il leur attribuait :

> Je t'affirme, William, que ces jeunes-là aiment autant la mort que vous aimez la vie, qu'ils ont hérité de l'honneur, de la fierté, de la bravoure, de la générosité, de la sincérité, du courage et de l'esprit de sacrifice, de père en fils, et leur endurance au combat se vérifiera lors de l'affrontement, car ils ont hérité de ces qualités de leurs ancêtres depuis l'anté-islam, avant que l'islam ne les ancre en eux.

La citation complète est intéressante dans la mesure où elle permet de comprendre que les valeurs de l'action autosacrificielle ne sont que partiellement religieuses. L'islam les «ancre» et les renforce dès lors qu'il offre au combattant qui se sacrifie dans l'affrontement tous les avantages du martyre, mais ces valeurs relèvent fondamentalement de l'ethos du guerrier audacieux[1]. Fraternités combattantes autant que communautés de dévots, les groupes jihadistes sont incompréhensibles et insaisissables s'ils sont appréhendés à travers le seul prisme de la sociologie religieuse.

Dans cette perspective, il faut concevoir la violence autosacrificielle à la fois dans sa fonction pratique et dans sa fonction imaginaire, l'une et l'autre se renforçant mutuellement. La supériorité du combattant jihadiste sur ses adversaires est réaffirmée à chaque action autosacrificielle qui confirme, à chaque fois, la véracité de la formule de ben Laden et donc l'infériorité de l'ennemi trop attaché à la vie pour se hisser au niveau de vaillance du *moudjahid*. L'énoncé est redoutablement performatif puisqu'il incite à une

---

(1) Les jihadistes n'ont d'ailleurs pas le monopole de cette formule qui fut apparemment inscrite sur un mur de l'ambassade israélienne de Bangkok par un commando du Front populaire de libération de la Palestine lors d'une prise d'otages de décembre 1972. *Asian Recorder*, vol. 19, 1973, p. 15.

émulation héroïque tout en excluant la possibilité d'une rétorsion de la part de l'adversaire qui ne saurait nier son bien-fondé, sauf à se mettre lui-même à l'école autosacrificielle.

Lorsque ben Laden rédigea sa *Déclaration* de 1996, ses vues étaient encore largement programmatiques. Progressivement, elles se sont concrétisées au point de former une culture stratégique originale et déconcertante dans laquelle l'ethos autosacrificiel joue un rôle considérable.

❋
❋ ❋

Expliquer, comprendre

En ce monde, les choses sont complexes et beaucoup de facteurs les déterminent. Il nous faut examiner un problème sous ses différents aspects et non pas un seul.

Mao Zedong

En novembre 2015, puis en janvier 2016, Manuel Valls déclencha une petite bourrasque dans les cénacles savants hexagonaux en déclarant, devant le Sénat, qu'il en «avait assez de ceux qui cherchent en permanence des excuses ou des explications culturelles ou sociologiques à ce qui s'est passé», puis en surenchérissant, lors d'une cérémonie en hommage aux victimes des attentats de janvier 2015: «expliquer, c'est déjà vouloir un peu excuser[1].»

Les réactions outragées ne manquèrent pas de fuser. Les deux principales associations françaises de sociologues exigèrent des «excuses» tout en se déclarant prêtes à «expliquer» au Premier ministre «en quoi consistent exactement notre discipline et nos recherches et la façon dont nous pouvons nous aussi contribuer, avec nos propres ressources, à lutter efficacement contre toutes les formes de terrorisme»[2]. Peu après, un rapport du CNRS donnait, selon *Le Monde*, une «cinglante réponse» à Manuel Valls en affirmant doctement:

Contrairement à une idée en cours, analyser et expliquer n'est pas «excuser» et les enseignements des sciences sociales peuvent contribuer à lutter efficacement contre toutes les formes de terrorisme. Connaître les causes est la première condition de la protection contre la menace. Réciproquement les SHS

---

(1) http://www.franceculture.fr/emissions/la-revue-de-presse-de-nicolas-martin/expliquer-cest-excuser.
(2) *Le Monde*, 14 décembre 2015.

[sciences humaines et sociales] ne peuvent plus refuser d'assumer la pertinence sociale et d'avoir des effets sur la société qu'elles prennent pour objet[1].

Le propos qui avait suscité la controverse était certes dénué de subtilité,
mais que dire des réponses qui lui furent apportées, si ce n'est que leur
grandiloquence n'égale que leur balourdise. Passons sur la prétention à
lutter efficacement contre le «terrorisme» – en l'analysant et l'expliquant
– alors que cet objet n'est pas défini de manière satisfaisante par ceux qui
prétendent en rendre compte «scientifiquement». Passons aussi sur le
paradoxe relevé par Gilles Kepel et Bernard Rougier, celui d'une instance
scientifique qui produit un rapport sur un phénomène – les «radicalisations» – sans en proposer une «définition minimale»[2], et ne retenons que
la rodomontade relative à la connaissance des «causes» des phénomènes
considérés.

Dans une tribune provocatrice intitulée «Il n'y a pas de causes sociales
au jihadisme», Paul Berman s'est plu à énumérer les «causes profondes»,
«contradictoires et fantasques», identifiées par les spécialistes du sujet
dans leur explication du phénomène pour conclure qu'il y avait «autant de
"causes profondes" du terrorisme islamiste qu'il y a d'experts en sciences
sociales; et elles disent tout et son contraire»[3]. Si l'essayiste a évidemment
tort sur le fond, il ne l'a pas vraiment lorsqu'il brocarde la capacité des dits
experts à maîtriser l'explication causale. Apparemment, ce n'est pas uniquement la définition du terrorisme qui pose un problème dans les cénacles
savants, mais aussi celle de la causalité en matière de violence politique.

Apporter une explication causale à un attentat spécifique (ou à une
campagne d'attentats) et avancer une telle explication au phénomène
général de l'attentat politique sont deux choses sensiblement différentes
qu'il importe de ne pas confondre. Le deuxième type d'explication est
sans aucun doute utile au développement d'explications du premier type,
mais son niveau de généralité est tel qu'il ne permet qu'imparfaitement de
répondre à la question spontanée du «pourquoi?», que suscite inévitablement l'irruption brutale de la violence dans l'espace public.

L'explication d'un attentat spécifique relève de ce que Paul Veyne (1971,
177) nomme rétrodiction, à savoir l'élaboration d'une intrigue qui remonte
du fait à ses causes présumées en formulant des hypothèses explicatives. Il
s'agit fondamentalement d'une narration historique qui s'enrichit progressivement dès lors que de nouveaux éléments factuels permettent d'éclairer
ce qui a précédé la réalisation de l'acte, c'est-à-dire le temps de sa prépara-

---

(1) *Le Monde*, 3 mars 2016. *Recherches sur les radicalisations, les formes de violence qui en résultent et
la manière dont les sociétés les préviennent et s'en protègent - État des lieux, propositions, actions*, mars
2016, p. 44. http://intranet.cnrs.fr/intranet/actus/documents/athena-radicalisation.pdf.
(2) *Libération*, 14 mars 2016.
(3) *Le Monde*, 30 novembre 2015.

tion. Plus le matériau narratif est riche, et plus l'explication est probante. Plus ce matériau est pauvre, et plus la tentation est grande de mobiliser des hypothèses explicatives toutes faites qui, sans surprise, puisent aux propositions les plus conventionnelles de la discipline à laquelle se rattache celui qui les formule. Dans ce dernier cas, la rétrodiction s'apparente à un raisonnement par analogie, dans le premier à une démarche compréhensive qui peut être, ou ne pas être, suivie d'une phase interprétative, puis explicative de l'acte. L'explication convaincante exige donc de se plonger dans les sources relatives à l'acte pour tenter de cerner la logique d'action qui y préside et évaluer le poids respectif des facteurs multiples apparaissant dans le matériau narratif. Qu'elle soit alambiquée ou sobre, cette explication causale est nécessairement circonstancielle : qui veut expliquer les attaques du 11 septembre n'a pas besoin de se préoccuper de la causalité propre au sabotage du Rainbow Warrior (10 juillet 1985) ou de celle de l'assassinat du duc de Guise (25 décembre 1588).

L'explication de l'attentat politique en général est une toute autre affaire, puisque ce qui est circonstanciel doit s'effacer derrière la généralité du phénomène. C'est précisément là que réside le problème de nombre d'explications sociologiques qui prétendent atteindre la causalité sociale du «terrorisme» ou de la «radicalisation», alors qu'elles énoncent uniquement des explications causales circonstancielles qui, souvent, relèvent plus d'un système d'influences indirectes que d'une causalité immédiate. Un autre aspect du même problème réside dans la propension de certains sociologues à établir des liens de causalité entre des phénomènes constants et un autre phénomène qui est, pour sa part, inconstant.

L'attentat politique est un phénomène récurrent, sans être pour autant constant et uniforme. Sa fréquence, sa périodicité, sa localisation varient fortement, et l'on ne voit pas très bien comment il pourrait résulter de facteurs structuraux tels que les inégalités sociales, le dénuement, la discrimination ou encore la croyance religieuse (l'islam dans les circonstances) qui devraient produire de manière constante les mêmes effets s'ils étaient véritablement la «cause profonde» du phénomène considéré. En l'occurrence, «causes sociales» signifient causes occasionnelles (qui peuvent avoir une influence ou pas), ce qui implique tout simplement qu'il ne s'agit pas fondamentalement de la cause du phénomène.

Pourrait-on alors dire que l'un ou l'autre de ces facteurs constitue plutôt le «terreau» de l'attentat, à l'instar de Philippe Migaux (2004, 397) affirmant qu'il faudrait faire «disparaître la misère, l'analphabétisme et la corruption ; car c'est de ce terreau que naissent toujours les groupes terroristes» ? L'affirmation est contestable dans son horizon immédiat d'intelligibilité (la violence politique en terre d'islam) ; elle est carrément indéfendable si elle signifie que l'attentat – le terrorisme chez Migaux – serait invariablement dépendant des causes mentionnées.

Ce qui est présenté péremptoirement comme un lien causal n'en est pas un, puisque, pour filer la métaphore jardinière, il manque l'explicitation du processus de végétation par lequel la plante toxique de la violence a pu croître d'une terre riche en humus conflictuel. Raisonnant sur les violences politiques en général, Philippe Braud (2004, 123) tente de compléter la démonstration en faisant intervenir le facteur susceptible d'expliquer la raison pour laquelle les inégalités sont parfois source de violence et parfois ne le sont pas :

> En réalité, ce qui importe c'est de considérer les inégalités économiques comme un matériau disponible, susceptible d'être exploité par les acteurs politiques avec des succès divers selon les conditions historiques et les logiques sociales qui prévalent dans un contexte donné.

Dans une telle perspective, la causalité ne réside pas à proprement parler dans le milieu au sein duquel évolue l'acteur, mais dans l'interaction entre l'acteur et son milieu. La nuance est de taille du point de vue de l'explication du phénomène considéré, puisqu'elle permet de résoudre le problème de la grande variabilité des facteurs causaux dont se gaussait Paul Berman. Si un même phénomène s'explique tantôt par un facteur et tantôt par un autre facteur, il n'y a qu'une seule chose qui soit claire, « c'est qu'on a pas encore trouvé la cause de ce phénomène » (Halbwachs, 1930, 407). Le facteur constant de l'attentat politique réside dans le rapport qu'entretient son auteur avec le milieu au sein duquel se gèrent les conflits sociaux, c'est-à-dire l'espace du jeu politique.

Si l'on admet que l'attentat politique est une forme particulière de violence politique, il en résulte que ses causes ne sauraient être fondamentalement différentes de celles de la violence politique en général[1]. Comme la guerre, il est la continuation de la politique par d'autres moyens, mais des moyens qui lui sont propres. La magistrale définition clausewitzienne de la guerre contient à vrai dire tous les éléments permettant de penser la causalité véritable de l'attentat, dans toutes ses manifestations. Il se situe au-delà de la politique, dont il transgresse les procédures institutionnalisées de gestion des rapports sociaux d'ordre public, mais il se situe en deçà de la guerre dont il ne peut pas épouser la forme ou à laquelle il par-

---

(1) En termes de causalité, le phénomène de la guerre a suscité des interrogations et des controverses largement similaires à celles suscitées par le «terrorisme». Comme pour l'attentat, la cause du phénomène – considéré dans sa généralité – ne saurait se situer que dans une interaction, et non pas dans une donnée constante du milieu; plus exactement dans un antagonisme irréductible entre deux entités politiques, qui ne peut être résolu ni par la négociation, ni par la médiation, ni par l'acceptation de la contrainte exercée par l'une sur l'autre.

ticipe marginalement. Il manifeste le passage d'une forme à une autre du politique, c'est-à-dire la dislocation des modalités institutionnalisées d'administration des antagonismes, sans cependant recourir au même registre d'actions que la guerre et sans en posséder la caractéristique fondamentale qu'est le combat. Il est plus difficile à expliquer que la guerre précisément en raison de ce registre d'actions spécifique qui implique que l'explication causale doit intégrer le fait qu'il est, comme l'observait Machiavel, à la portée de chacun, autrement dit que cette forme de violence politique peut être aussi bien individuelle que collective.

S'il faut formuler une explication causale du phénomène, considéré dans sa plus grande généralité, disons qu'il procède d'une inadéquation entre les modalités institutionnalisées de régulation de la contrainte et les attentes de l'acteur (individuel ou collectif) telles qu'elles sont déterminées par ses représentations du milieu socio-politique dans lequel il évolue. Peu importe ces attentes ; cet ordre de causalité laisse une place autant aux perspectives révolutionnaires des Brigades rouges qu'à la volonté de représailles des frères Kouachi. Peu importe les modalités considérées ; cet ordre de causalité laisse une place autant au régime d'occupation allemand auquel s'attaqua Pierre Georges (le colonel Fabien) qu'aux lois de la République française et au droit public international que François Mitterand ignora en donnant son feu vert au sabotage du Rainbow Warrior. Peu importe la validité de la perception du milieu dans lequel s'exerce la contrainte ; cet ordre de causalité laisse une place autant aux représentations fantasmées de Leibacher qu'aux froids calculs de Yacef Saadi[1].

À ce niveau de généralité, l'explication causale présente-t-elle encore un intérêt ? Certainement, et pas seulement parce qu'une causalité de cet ordre offre quelques points de repère dans la richesse du matériau narratif pour élaborer des explications circonstancielles.

Une telle causalité générale permet de concevoir des chaînes causales spécifiques qui sont tantôt déterminantes et tantôt ne le sont pas. Dans le cas des attentats uniques (assassinat de César, tuerie de Nanterre...), la chaîne causale est plus courte que dans le cas de campagnes d'attentats prolongées dans lesquelles intervient un facteur dont l'importance est généralement sous-estimée par ceux qui ne raisonnent qu'en termes de logique sociale ou de logique individuelle : la logique des armes qui s'impose aux acteurs dans le développement du conflit aussi sûrement que le milieu socio-politique

---

(1) Un tel ordre de causalité est-il concevable lorsque l'attentat n'est qu'une tactique d'appoint dans le cadre d'une insurrection ou d'une guerre ? Sans aucun doute pour le contexte insurrectionnel, si ce n'est que la cause vaut aussi pour l'insurrection en tant que telle. Le cas de la guerre est un peu plus complexe, puisque le passage d'une forme du politique à une autre s'est déjà opéré avec le déclenchement des hostilités, c'est-à-dire que les modalités de régulation de la contrainte ont changé en laissant la place au droit et aux coutumes de la guerre. Les attentes de l'acteur doivent donc être considérées selon ces nouvelles modalités.

s'est imposé dans leur choix lors de la prise d'armes. Autant le sociologue a raison de considérer que ce milieu exerce une contrainte sur les individus, autant il a tort de se désintéresser de la contrainte qu'exercent les armes sur ceux qui y recourent. Si ce dernier facteur n'est pas à prendre en considération dans le cas d'un attentat unique, ou dans le cas du premier attentat d'une série, il constitue en revanche un maillon essentiel de la chaîne causale dans le cas d'une campagne d'attentats.

En outre, une telle causalité générale permet de ne pas artificiellement opposer les mobiles des acteurs (composante essentielle de leur logique d'action individuelle ou collective) et les facteurs sociopolitiques qui influent sur leur action. Le milieu dans lequel ils évoluent agit certes de manière contraignante, mais cette influence n'opère que par la médiation des représentations que ces acteurs ont de ce milieu.

Plus accessoirement, une telle causalité générale illustre toute la vanité de l'idée selon laquelle la connaissance des causes serait «la première condition de la protection contre la menace». La première de ces conditions réside dans l'identification de cette menace, et non pas dans sa dilution dans des explications causales qui sont soit trop générales pour posséder une utilité opérationnelle quelconque, soit relèvent de la rétrodiction. On peut légitimement s'offusquer que «comprendre» soit assimilé à «excuser», tout comme on peut légitimement s'interroger sur l'empressement à vouloir ériger la compréhension en instrument de «combat» ou de «lutte». Le propos était d'autant plus maladroit qu'il renvoyait involontairement au titre d'un article de Xavier Raufer (1986), un auteur que les sociologues français hésitent généralement à prendre pour modèle et qui, en l'occurrence, ne faisait guère œuvre sociologique.

Conclusion

Dans son essai controversé intitulé *Le Perðant raðical*, Hans Magnus Enzensberger (2006, 57) concluait à la nécessité de s'accoutumer à vivre dans une société où le risque d'attentat «islamiste» est «toujours présent en arrière-plan, comme la mort quotidienne sur les routes, à laquelle nous nous sommes habitués». Dès lors, il fallait bien qu'une «société globalisée [...] en prenne son parti».

L'essayiste allemand n'a assurément pas tort en ce qui concerne le risque général d'attentats – «islamistes» ou pas – qui est absolument incompressible, que la société soit globalisée ou ne le soit pas. L'argument avait déjà été formulé dès les années 1970 à propos du «terrorisme» qui était considéré comme une «nuisance» pour les pays d'Europe occidentale, sans toutefois posséder la capacité de véritablement les ébranler. Cette analyse – qui s'est révélée parfaitement exacte pour le cycle d'attentats des années 1970-1990 – est-elle encore pertinente dans la période actuelle caractérisée par un cycle – désormais relativement long – d'attentats jihadistes ?

À cette question d'importance, il n'y a pas de réponse évidente, si ce n'est celle qui souligne le caractère approximatif de l'analogie avec les accidents de la circulation. La route tue plus que les auteurs d'attentats politiques ? Certes, mais qui ne comprend pas la différence entre un fait accidentel et un acte volontaire ? Qui ne comprend pas que la mortalité routière est un risque accepté dans une société qui a érigé le déplacement motorisé en mode de vie et en nécessité économique, alors que la violence y est considérée comme une forme pathologique de l'action politique ? Qui ne comprend pas que le risque est fonction d'une situation déterminée, et son acceptation de la propension de l'acteur à se trouver dans cette situation ? Qui ignore que l'ampleur d'un risque (le fait qu'il soit mineur ou majeur, ou perçu comme tel) ne dépend pas uniquement de la fréquence de sa réalisation, mais aussi de la gravité de ses conséquences collectives s'il se réalise (*cf.* courbe de Farmer) ? Enfin, qui n'a pas compris que les mesures prises pour lutter, respectivement, contre les accidents de la route et les attentats politiques ne sont pas de même nature et n'ont pas le même impact sur la société?

Apparemment plus de personnes qu'on l'imagine au premier abord, y compris parmi les politologues consommés. Ian Lustick (2012, 66-67) en offre un exemple désarçonnant en ajoutant les empoisonnement accidentels, les chutes du même type et les suicides aux accidents de la route pour démontrer que ces événements fatals présentent des «menaces» bien plus graves que le «terrorisme» pour la population des États-Unis. Sauf que, aux contre-arguments précédemment énoncés, il faut ajouter que ces événements ne sauraient se situer dans la catégorie de la *menace* – ils sont à placer dans celle des risques individuels de la vie quotidienne – et que ce n'est pas le «terrorisme» qui constitue un risque ou une menace, mais *l'attentat*. L'objet du propos de Lustick – consistant à mettre en évidence les mécanismes anxiogènes à l'œuvre dans le discours sur le terrorisme – n'est pas sans intérêt et sans pertinence, mais ce propos pâtit d'une terminologie approximative et d'une construction argumentative vacillante. Au-delà des cas individuels, c'est l'ensemble du champ d'étude concerné qui souffre de la prolifération d'énoncés imprécis et de raisonnements spécieux.

La focalisation qui s'est opérée sur la notion de terrorisme y est pour beaucoup. Mal orientée, la réflexion s'est épuisée à poursuivre une chimère et s'est paradoxalement détournée de son véritable objet. Non pas que *les* attentats et ceux qui les perpètrent en soient factuellement absents; le prétendre serait manifestement absurde. C'est *l'*attentat, *en tant que tel*, qui a été conceptuellement écrasé par le discours sur le terrorisme.

Repenser selon le registre d'actions qui lui est propre, selon ses spécificités par rapport à d'autres formes de violence politique et selon sa temporalité particulière, l'attentat apparaît dans toute sa complexité. L'une de ses particularités les plus remarquables réside dans sa plasticité qui en fait autant une méthode d'action individuelle que collective, particularité qui ne manque pas de poser des problèmes d'interprétation aux sciences humaines qui peinent à combiner ces deux niveaux d'explication. S'y ajoute une autre particularité qui ne recoupe pas totalement la précédente: l'attentat est tantôt un acte isolé qui s'inscrit dans un contexte conflictuel peu complexe, tantôt un acte qui participe à un conflit qui le dépasse largement sans qu'il soit toujours évident de saisir comment il s'y articule. Dans tous les cas, il procède des représentations que l'acteur s'est forgé du milieu dans lequel il évolue, la difficulté de l'interprétation se situant dans l'ampleur de la reconstruction à effectuer pour cerner exactement ces représentations et ce milieu, ainsi que pour jauger la manière dont les premières coïncident avec le second.

Le poids de la composante réactive dans le passage à l'acte s'explique largement par les motifs que l'acteur puise à la source de ses représentations d'un milieu jugé – à tort ou à raison, pour une raison ou une autre – irrémédiablement oppressif. Mais la composante réactive procède également de l'action réciproque dès que l'acte s'inscrit dans une série ou une campagne d'attentats, ou encore s'il n'est qu'une tactique d'appoint au sein d'une guerre ou d'une insurrection. Comme le veut l'adage populaire, «la violence nourrit la violence», selon une logique qui n'est ni strictement psychologique ni strictement sociologique puisqu'elle relève d'une dynamique conflictuelle induite par l'interaction de deux adversaires qui cherchent mutuellement à se terrasser dans une épreuve de force et de volonté.

Dans ces circonstances, les logiques d'action individuelles s'effacent derrière les logiques d'action collectives; l'attentat se fond dans la guerre ou l'insurrection. L'enjeu politique change d'échelle, puisqu'il se situe dès lors dans l'issue d'une lutte à laquelle l'attentat n'apporte qu'une contribution sectorielle. Méthode d'action d'un plus vaste registre auquel il participe, l'attentat n'en devient pas pour autant plus facilement intelligible. Si la contribution qu'il apporte à l'épreuve de force dans laquelle il s'inscrit est aisée à saisir lorsqu'il remplit une fonction incapacitante, il est plus difficile de discerner la fonction qu'il remplit lorsque se déchaînent des violences indiscriminées qui frappent aveuglement des civils. Qualifier cette fonction de symbolique n'est qu'une approximation qui ne saurait se substituer à la seule méthode susceptible de donner du sens à la violence : l'analyse minutieuse de la configuration conflictuelle dans laquelle s'inscrit l'attentat et des composantes réactive et proactive de la logique d'action de celui qui le perpètre.

Annexe historique

Le **registre** d'actions caractéristique de l'attentat politique est à la fois limité dans son étendue et inégalement mobilisé par ceux qui y recourent. Si l'usage d'explosifs est aujourd'hui largement dominant (dans plus de 50 % des attentats)[1], il est bien évident que les moyens mis en œuvre pour nuire à autrui ont varié historiquement. Les armes à feu (utilisées dans environ 30 % des attentats contemporains) sont toujours redoutablement efficaces et conservent leurs adeptes, après avoir été longtemps d'un maniement qui rendait le succès de l'attentat incertain. Quant aux autres catégories d'armes, y compris les armes par destination, si elles ne sont que d'un usage marginal (dans 10 % à 20 % des attentats contemporains, selon les sources et les critères de classification), elles continuent de présenter un intérêt pour ceux qui y recourent, pour des raison sensiblement différentes d'une arme à l'autre.

Parmi les armes blanches, les poisons, les armes à feu et les explosifs, les deux premières catégories sont assurément les plus anciennement utilisées, sans jamais que le couteau et les substances toxiques soient tombés en désuétude[2].

L'attaque de la gare de Kunming (1er mars 2014), dans la province du Yunnan, ou l'assassinat du soldat britannique Lee Rigby (22 mai 2013) à Londres nous le rappellent pour les armes blanches qui possèdent apparemment une dimension symbolique pour ceux qui les manient comme tendent également à le démontrer l'assassinat de Théo van Gogh (2 novembre 2004) à Amsterdam et l'attaque de la gare d'Urumqi (30 avril 2014) dans

---

(1) Dans 52 % des cas en 2015 selon le Département d'État (http://www.state.gov/j/ct/rls/crt/2015/257526.htm), voire dans près de 60 % des cas depuis le début du XXIe siècle selon les chiffres établis par Anthony Cordesman (https://csis-prod.s3.amazonaws.com/s3fs-public/legacy_files/files/publication/160208_key_trends_metrics_terrorism_cordesman.pdf).
(2) Sans revenir sur la question de l'incendie criminel qui a été traitée dans un chapitre précédent.

la province du Xinjiang. Dans le premier cas, Mohammed Bouyeri abattit le réalisateur néerlandais à coups de revolver avant de l'égorger et de lui planter deux couteaux dans le corps. Dans le second cas, les auteurs de l'attaque usèrent d'abord «frénétiquement» de leur couteau puis déclenchèrent les bombes qu'ils portaient, innovant ainsi dans le schéma habituel de l'attentat suicide à l'explosif[1].

En ce qui concerne l'usage du poison, il importe de ne pas uniquement envisager des cas tels que l'empoisonnement d'Alexandre Valtérovitch Litvinenko au polonium à Londres en septembre 2006, l'assassinat de Georgi Markov par injection de ricine administrée par le fameux «parapluie bulgare», le 7 septembre 1978 à Londres, ou encore l'injection d'une mystérieuse substance dans l'oreille de Khaled Mechaal à Amman en septembre 1997[2]. Plus généralement, on considérera que toute substance chimique, biologique, radiologique ou nucléaire – du moins dans le cas de la dispersion de matière radioactive – entre dans la catégorie générale des poisons, sans envisager la question de la cible visée par l'attentat et de l'effet recherché par celui qui le perpètre. Les éléments de continuité sont évidents entre les enveloppes contaminées au bacille du charbon qui furent postées aux États-Unis en automne 2001 et les lettres empoisonnées qui, durant des siècles, entretinrent la psychose d'une «action si noire et si pleine d'horreur qu'à peine la pourrait-on croire»[3]. Le poison est l'arme déloyale par excellence, de l'Antiquité à l'époque contemporaine : *Plus est hominem veneno extinguere quam occidere gladio*[4]. Mais cette arme, selon les substances utilisées, leur mode de dissémination et les cibles visées, recèle aujourd'hui des potentiels qu'elle ne possédait pas précédemment.

Les controverses relatives au risque que représente l'usage de substances CBRN sont récurrentes parmi les experts depuis les années 1970. Les positions se polarisent autour d'une interprétation divergente des occurrences historiques d'attentats commis par ce moyen. Pour les uns, le peu de cas constatés, les difficultés rencontrées pour se procurer, militariser et engager les substances CBRN sont des indicateurs d'un risque relativement faible. Pour les autres, certains de ces cas attestent la réalité

---

(1) *South China Morning Post*, 1er mai 2014.

(2) Dans ce dernier cas, la tentative d'assassinat tourna au fiasco : une partie des agents du Mossad qui attentèrent à la vie du chef du bureau politique du Hamas fut arrêtée et le gouvernement israélien contraint de fournir l'antidote du poison.

(3) *Histoire du ministère d'Armand Jean du Plessis, cardinal duc de Richelieu*, vol. 2, Paris : s.n., 1652, p. 529.

(4) http://www.thelatinlibrary.com/justinian/codex9.shtml. La formule du code justinien fut reprise, à quelques nuances près, par le pape Jean XXII en 1317 : «Leges humane atrocius judicant hominem veneno extinguere quam gladio trucidare». Commission donnée pour l'instruction du procès après les premières enquêtes et arrestations, 22 avril 1317, *in* : Edmond Albe, *Autour de Jean XXII : Hugues Géraud, évêque de Cahors. L'affaire des poisons et des envoûtements en 1317*, Cahors : J. Girma, 1904, p. 163.

du risque élevé que représente l'engagement de ces armes par des acteurs non étatiques.

Abstraction faite des empoisonnement visant des individus, les exemples historiques d'attentats effectivement perpétrés au moyen de substances CBRN sont peu nombreux. Olivier Lepick (2003, 131-138) en dénombre une dizaine de 1915 à 2001, parmi quantité de menaces, canulars, complots déjoués et événements incertains, dont seulement deux entraînèrent la mort de plus de dix personnes. Robert Johnston en recense une quinzaine sur la période 1915-2015, dont cinq entraînant plus de dix décès[1].

En y ajoutant l'empoisonnement de la garnison de Hanoi (27 juin 1908), qui ne causa qu'une intoxication légère de 200 soldats en raison d'un dosage trop faible du poison, citons les plus significatifs de ces attentats : le 14 avril 1946, l'empoisonnement à l'arsenic du pain distribué à d'anciens SS détenus au Stalag 13-D, en Bavière, par un groupe clandestin juif (plusieurs milliers d'intoxiqués, les issues fatales étant incertaines) ; du 9 au 19 septembre 1984, l'empoisonnement aux salmonelles de la nourriture de plusieurs restaurants du comté de Wasco, dans l'Oregon, par des disciples du gourou Osho (plusieurs centaines d'intoxiqués, une cinquantaine d'hospitalisés) ; le 6 septembre 1987, l'empoisonnement au pesticide de l'eau offerte à des policiers à Zamboanga, aux Philippines, dans des circonstances qui n'ont jamais été élucidées (19 morts) ; les 28 juin 1994 et 20 mars 1995, la diffusion de gaz sarin dans un quartier de Matsumoto et dans le métro de Tokyo par des membres de la secte Aum (7 et 12 morts) ; du 18 septembre au 9 octobre 2001, l'envoi de lettres contenant le bacille du charbon aux États-Unis, vraisemblablement par un chercheur travaillant pour l'industrie de la défense (5 morts) ; enfin, depuis 2004, du chlore associé à des explosifs a été utilisé à plusieurs reprises en Irak par des groupes jihadistes, alors que différents types de poison auraient été utilisés en Afghanistan dans des attentats visant les forces de sécurité ou des écoles de filles[2].

Affirmer la déloyauté de l'usage du poison au sein du registre d'actions considéré n'implique évidemment pas d'assimiler armes à feu et explosifs

---

(1) http://www.johnstonsarchive.net/terrorism/chembioattacks.html.

(2) Ces attentats sont généralement mal documentés, leur nombre et leur bilan exact demeurant incertains. En Irak, une vingtaine d'attentats impliquant du chlore ont été perpétrés depuis 2004 causant plus d'une centaine de morts (hors utilisation du produit sur le champ de bataille) ; mais il est difficile de déterminer, parmi les victimes, celles qui ont subi les conséquences de l'explosion et celles intoxiquées par le chlore. En outre, l'association avec des explosifs limite les effets toxiques du produit qui est volatilisé et partiellement détruit par l'explosion (Burnat 2010, 92). En Afghanistan, l'empoisonnement de policiers est intervenu à plusieurs reprises, mais il y a plus d'incertitude en ce qui concerne les très nombreux cas d'empoissonnement d'écolières attribués à des extrémistes. Selon des sources médicales, les cas qui ont fait l'objet d'investigations sérieuses n'ont pas mis en évidence d'empoisonnement intentionnel, mais plutôt des syndromes psychogènes (WHO,

au glaive antique, c'est-à-dire à des armes empreintes d'une quelconque loyauté. En matière d'attentats, ce sont à la fois les circonstances dans lesquelles sont utilisées les armes et leur qualité propre qui sont au principe de la perfidie de l'acte. Disons, pour être bref, que le recours à des toxiques létaux est encore plus perfide que l'utilisation d'armes classiques pour des raisons inhérentes aux impacts physique et psychologique de ces substances.

L'écrasante majorité des attentats qui sont perpétrés quotidiennement à l'échelle mondiale le sont par armes à feu ou explosifs, moyens qui semblent empreints d'une grande modernité. Pour être restés longtemps marginaux ces moyens n'en sont pas moins d'un usage fort ancien. Le duc de Guise fut mortellement blessé, le 18 février 1563, d'un coup de pistolet tiré «en trahison»[1], c'est-à-dire par derrière alors que le duc chevauchait sans escorte sur un chemin vicinal. Accentuant la perfidie du procédé, Castelnau de la Mauvissière précisa que l'assassin avait utilisé des «balles empoisonnées»[2], explication fréquemment avancée lorsqu'une blessure par balle, apparemment bénigne, entraînait une issue fatale. En l'occurrence, il semble que ce ne fut pas le cas. Si Jean Poltrot, le tireur, avait soigneusement préparé les balles qu'il destinait au duc – dont deux étaient «ramées» et «mâchées» – il ne les avait pas empoisonnées, et ce furent plus probablement les médecins du duc qui accélérèrent son trépas en cherchant à conjurer l'effet du supposé poison[3].

Selon son propre témoignage, Poltrot avait tiré sur le duc de Guise à faible distance: «six ou sept pas»[4]. Il n'est pas certain que le tireur qui blessa l'amiral de Coligny d'un coup d'arquebuse dans une rue de Paris, le 22 août 1572, fît feu de beaucoup plus loin. L'arme n'était certes pas du même type que celle utilisée pour attenter à la vie du duc de Guise, mais il faut renoncer à l'idée qu'entretiennent les gravures anciennes représentant une sorte de *sniper*, avant la lettre, visant l'amiral du haut de l'étage d'une maison, alors que ce dernier parcourait à cheval une large avenue. En réalité, l'attentat fut perpétré dans une rue étroite, le tireur était embusqué

2012, 22).

(1) *Les Mémoires de Monsieur le duc de Nevers*, vol. 2, Paris: chez Thomas Jolly, 1665, p. 12.

(2) *Collection complète des Mémoires relatifs à l'histoire de France*, vol. 33, Paris: Foucault, 1823, p. 277.

(3) Pour une discussion détaillée de toute l'affaire, voir Pierre de Vaissière, *Jean Poltrot, seigneur de Méré, meurtrier de M. De Guise (1563)*, Paris: Librairie Alphonse Picard et Fils, 1910, 64 p. Pour sa part, Ambroise Paré (*Les Oeuvres d'Ambroise Paré*, Lyon: Chez Jean Grégoire, 1664, p. 266) ne croyait pas à l'empoisonnement des balles et considérait plutôt la spécificité des blessures causées par «arquebusades».

(4) Les «Confessions» de Poltrot sont conservées au département des manuscrits de la Bibliothèque nationale et sont consultables en ligne.

dans une pièce du rez de chaussée et sa cible se déplaçait à pied en compagnie d'une quinzaine de gentilshommes et domestiques[1].

Le tireur, vraisemblablement Charles de Louviers, seigneur de Maurevert, comptait assurément s'échapper après son forfait[2]; non pas en exploitant la distance de tir que lui permettait son arme, mais en empêchant que l'escorte de l'amiral se saisît immédiatement de lui et en organisant soigneusement sa fuite. Il avait tiré d'une «fenestre ferrée», la porte de la maison dut être «enfoncée», il s'enfuit sur un cheval «garni de pistoles à l'arçon de la selle» qui l'attendait sur l'arrière de la maison et changea de monture à la porte Saint-Antoine; si bien que, lorsque les gentilshommes qui escortaient Coligny pénétrèrent dans la maison, «l'arquebouse fut trouvée, mais non l'arquebousier»[3].

Pour avoir été soigneusement préparé, l'attentat contre Coligny n'en fut pas moins un échec. Amputé d'un doigt et blessé à un bras, l'amiral ne fut tué, comme on le sait, que deux jours plus tard, lors de la nuit de la Saint-Barthélemy, alors qu'il était en phase de rémission des blessures causées par le coup d'arquebuse du 22 août. Il y avait de quoi douter du progrès technique, en l'occurrence de la supériorité des armes à feu sur les armes blanches. Ce fut le cas de Montaigne qui pensait, à tort, que les premières, «sauf l'estonnement des oreilles», étaient armes de «fort peu d'effect» dont il voyait bientôt l'usage abandonné[4]. Mais c'est à raison que

---

(1) L'attentat n'a certainement pas pu avoir lieu rue de l'Autruche (ou de l'Autriche) comme l'affirme Georges Minois (1997, 155-156), puisque, cet auteur l'écrit lui-même, des fragments de balles furent retrouvés dans le mur de l'hôtel d'Anjou (renommé hôtel de Longueville à la fin du XVIe siècle). Il fut plus vraisemblablement perpétré à l'intersection de la rue des Poulies et de la rue des Fossés-Saint-Germain-l'Auxerrois, le tireur étant embusqué dans l'une des maisons qui, sur les anciens plans de Paris, formaient à cet endroit un angle arrondi dont l'arrière ceinturait l'église de Saint-Germain l'Auxerrois. On peut même raisonnablement affirmer qu'il s'agissait de l'un des premiers bâtiments du pâté de maisons, les seuls qui permettaient un angle de tir compatible avec l'impact relevé sur l'hôtel d'Anjou. La rue des Poulies n'avait que 16 pieds de largeur (Auguste Pierre Perrot, *Dictionnaire de voierie*, Paris: Chez Prault, 1782, p. 380), et, même si elle s'élargissait quelque peu à l'intersection de la rue des Fossés-Saint-Germain-l'Auxerrois, il est certain que Coligny marchait sur la droite de la rue lorsqu'il fut touché au moment où «il tournait l'épaule pour enfiler la grand' rue» (Agrippa d'Aubigné, *Histoire universelle*, vol. 1, s.l: s.n., 1616, pp. 537-538).
(2) Sans chercher à accabler un auteur dont l'ouvrage possède d'évidentes qualités, il faut tout de même relever que l'hypothèse d'un second tireur formulée par Minois (1997, 158, souligné par l'auteur) est particulièrement fragile, puisqu'elle repose sur le seul argument suivant: «On a retrouvé, après *le* coup d'arquebuse, *deux* balles.» Or, il était parfaitement possible de charger le canon d'une arquebuse de deux balles, tirées donc en un seul coup.
(3) «Recueil d'un dialogue auquel est introduite Alythie...», *in*: *Recueil d'extraits rassemblés par Philippe Harduin de S. Jacques*. Bibliothèque nationale de France, Département des manuscrits, Français 4897, f. 66. Rédigé par un membre de l'escorte de Coligny, le manuscrit comporte une description détaillée des circonstances de l'attentat.
(4) *Les Essais de Michel seigneur de Montaigne*, Paris: Chez Abel L'Angelier, 1604, p. 249.

l'auteur des *Essais* jugea qu'il y avait «plus de hazard que de vigueur» dans la réussite de l'attentat perpétré contre le duc de Guise, car le «coup n'estoit pas à la mort». Pour Montaigne, l'absence de précision de l'arme de Poltrot, le fait qu'il tirât à cheval sur une cible qui était «en bransle» et, surtout, la poltronnerie du tireur, qui «aimoit mieux faillir son effect que faillir à se sauver», étaient autant de raisons rendant l'entreprise aléatoire[1].

Outre leur précision, les armes à feu posaient également un problème de rechargement et de cadence de tir qui impliquait que, dans le cadre d'un attentat, le premier coup de feu devait être le bon. Certains firent preuve d'ingéniosité pour pallier cette difficulté. Les conspirateurs qui blessèrent le roi du Portugal, le 3 septembre 1758, tirèrent en groupe sur le carrosse royal, avaient chargé leur fusil de grosse mitraille plutôt que de balles et tendu plusieurs embuscades au cas où leur cible échapperait à la première[2]. Quant à la «machine infernale» de Giuseppe Feschi, actionnée le 28 juillet 1835 au passage du défilé à la tête duquel se trouvait Louis-Philippe et ses fils, elle était composée de 25 canons de fusil juxtaposés sur un plan incliné et visait à fournir l'équivalent d'un feu de section d'infanterie. Dans les deux cas, la réussite ne fut pas au rendez-vous de l'entreprise: Joseph Ier ne fut que blessé et si la machine de Feschi tua une dizaine de personnes, elle épargna le roi et sa famille.

Au XIXe et au XXe siècles, le progrès technique permit l'apparition de nouvelles générations d'armes à chargement automatique et cadence de tir accélérée qui mirent une puissance de feu sans précédent à la portée d'un seul individu et ouvrirent de nouvelles possibilités aux auteurs d'attentats. George W. Ashburn, un *scalawag*[3], fut victime du tir d'une quinzaine de balles lorsque ses assassins déchargèrent leur revolver sur lui, le 30 mars 1868 à Colombus en Géorgie. Nikolaï Ivanovitch Bobrikov, gouverneur-général du grand-duché de Finlande, fut visé à quatre reprises par Eugen Schauman qui put encore retourner son browning contre luimême et se tirer deux balles dans la poitrine, le 16 juin 1904 dans le vestibule du Sénat d'Helsingfors. Enfin, dans la longue liste des attentats perpétrés au moyen de fusils d'assaut, ne mentionnons que deux actes qui se déroulèrent en Egypte: l'assassinat d'Anouar el-Sadate, le 6 octobre 1981, qui causa également de nombreux morts et blessés dans la tribune officielle où se trouvaient les personnes assistant au défilé militaire et le

---

(1) *Ibid.*, p. 642. Sur un point, Montaigne se trompait lorsqu'il affirmait que Poltrot avait tiré «de loing», sauf à vouloir simplement signifier qu'un coup de feu n'impliquait pas de contact direct entre le tireur et sa cible.

(2) *Jugement du Conseil Souverain, chargé par Sa Majesté très Fidèle, d'instruire le procès au sujet de l'attentat commis sur sa Personne Sacrée*, s.l.: s.n., 1759, pp. 26-28.

(3) Un Blanc du Sud soutenant la «Reconstruction» dans les anciens États confédérés après la guerre de Sécession.

carnage de Luxour, le 17 novembre 1997, au cours duquel une soixantaine de touristes perdirent la vie.

L'évolution de l'usage des explosifs présente certaines similarités avec celle de l'usage des armes à feu : d'une utilisation précoce, ils ne s'imposèrent que progressivement comme l'un des moyens par excellence de commettre des attentats. En Europe, le premier cas d'espèce fut l'explosion de la maison de lord Darnley, le 9 février 1567. Que la victime fût sans doute étranglée, et non pas morte dans l'explosion, ne changeait rien à la présence de barils de poudre intentionnellement placés en dessous de la chambre à coucher de l'époux de Marie Stuart et que l'on fît tout aussi intentionnellement exploser[1].

Toujours dans les îles britanniques, le cas de la très fameuse «Conspiration des Poudres» est sensiblement différent puisque le complot fut découvert et que le tout aussi fameux Guy Fawkes fut arrêté, le 5 novembre 1605, juste avant qu'il pusse faire exploser les 36 barils de poudre placés dans les caves du Parlement. C'était non seulement le moyen choisi qui était novateur, mais aussi le principe qui présidait au choix de la cible. Jusque-là, les attentats politiques visaient à éliminer un seul individu, au risque de ce que l'on nomme aujourd'hui quelques «victimes collatérales», tels les deux serviteurs de lord Darnley également tués dans l'attentat du 9 février 1567. Les conjurés de la Conspiration des Poudres visaient pour leur part à réaliser un véritable carnage fondé sur l'idée d'une punition collective à infliger aux ennemis du catholicisme. Selon les propres termes de Fawkes, le Parlement avait été choisi pour cible «parce que la Religion [catholique] ayant été injustement bannie en cet endroit, il convenait que la justice et le châtiment y soient exécutés». L'instigateur de la conspiration, Robert Catesby, justifia également l'ampleur de la punition en affirmant à ses comparses que «la nature de la maladie exigeait un remède aussi violent»[2].

Fawkes et ses complices ne parvinrent pas à faire sauter le Parlement, mais leur tentative frappa les esprits au point qu'elle fut qualifiée de la «plus effroyable conspiration dont on ait jamais ouï parler»[3]. Y furent-ils parvenus que leur acte aurait marqué un tournant décisif dans l'histoire des attentats politiques. Non seulement parce que l'explosion aurait entraîné une hécatombe dans laquelle aurait péri la fine fleur de l'élite du royaume :

(1) Pour une discussion détaillée de l'affaire et des dépositions des acteurs et témoins de l'événement, voir Malcolm Laing, «Mary, Queens of Scots, in the murder of Darnley», *in*: *History of Scotland*, vol. 2, London: Mawman, Longman, Hurst, Rees Orme and Brown, 1819, pp. 1-69.

(2) «A true copy of the declaration of Guido Fawkes», *in*: *The Gunpowder-Treason*, London: Tho. Newcomb and H. Hills, 1679, p. 41. «Thomas Winter's confession», *ibid.*, p. 48.

(3) Isaac de Larrey, *Histoire d'Angleterre, d'Écosse et d'Irlande*, vol. 2, Rotterdam: Chez Reinier Leers, 1698, p. 664.

une reconstitution effectuée en 2005 a permis de démontrer que toutes les personnes présentes dans la salle de la Chambre des Lords auraient succombé à la déflagration. Mais aussi parce que les conspirateurs étaient animés de desseins qui introduisaient une dimension novatrice dans la pratique de l'attentat politique. Rapin de Thoyras l'avait parfaitement compris lorsqu'il écrivait que les conjurés avaient imaginé un moyen qui permettait, d'une part, de «faire périr en un moment presque tous les principaux ennemis de la Religion Catholique» et, d'autre part, «de répandre une telle consternation dans tout le Royaume qu'il ne se trouverait personne en état de prendre de justes mesures»[1]. L'auteur était ainsi le premier à établir la double distinction entre la cible directe et la cible indirecte de la violence et entre l'impact physique et l'impact psychologique de cette même violence.

En raison de son échec, la Conspiration des Poudres ne fut pas ce tournant décisif de l'histoire des attentats politiques que des auteurs contemporains discernent dans d'autres attaques à l'explosif perpétrées ultérieurement. Georges Minois (1997, 398) voit dans l'explosion de la machine infernale de la rue Saint Nicaise, le 24 décembre 1800, le «prototype de l'attentat terroriste moderne [qui] marque la fin du tyrannicide à l'ancienne». Pour sa part, John Merriman (2009, 14) considère que ce fut la bombe jetée par Émile Henry dans le café de l'hôtel Terminus, le 12 février 1894, qui inaugura l'ère du «terrorisme moderne». Abstraction faite de l'utilisation de la notion de terrorisme, qui, ici comme ailleurs, demeure problématique, ces deux auteurs ont raison de relever la dimension novatrice des attentats considérés.

Georges Minois voit juste lorsqu'il écrit que la motivation idéologique, le financement étranger, la puissance des moyens de destruction et la préparation méticuleuse de l'attentat situent la tentative d'assassinat de Bonaparte dans la logique d'action des attentats contemporains; arguments auxquels il faut ajouter le recours précoce à un véhicule piégé (la charrette sur laquelle était chargé le tonneau de poudre et qui fut placée sur le passage de Bonaparte et de son escorte) et le cynisme consommé de Saint-Régeant qui confia la garde du cheval attelé à la charrette à une jeune fille de 14 ans, Marianne Peusol, avant de mettre le feu au tonneau de poudre. Quant à John Merriman, il n'a pas tort de considérer que la volonté d'Émile Henry de frapper «dans le tas», selon l'expression qu'il utilisa lors de son procès, marquait une rupture dans l'histoire des attentats politiques. Henry ne fut pas le seul anarchiste dans ce cas, comme en attestent d'autres attentats commis dans la même période : la bombe lancée par Auguste Vaillant dans la Chambre des députés, le 9 décembre 1893,

---

(1) Paul de Rapin de Thoyras, *Histoire d'Angleterre*, vol. 7, La Haye : Chez Alexandre de Rogissart, 1727, p. 41.

et, surtout, la bombe que Santiago Salvador jeta dans le théâtre Liceo de Barcelone, le 7 novembre 1893[1].

Mais, dans cette même logique, il faut aussi mentionner un attentat privé antérieur qui, par la noire malignité de son *modus operandi*, apparaît très contemporain dans sa conception. Horloger à Senlis, Louis Michel Billon décida de se venger après avoir été exclu de la compagnie de l'Arquebuse, une corporation locale mi civile, mi militaire. Le 13 décembre 1789, il profita de la cérémonie de la bénédiction des drapeaux de la garde nationale pour attirer ses anciens compagnons dans un guet-apens savamment pensé. Au moment où le défilé qui se rendait à la cathédrale passait sous ses fenêtres, Billon tira à coups de fusil sur les membres de la compagnie qui se précipitèrent dans sa maison avec l'appui des gardes nationaux et d'autres troupes en défonçant la porte. À l'intérieur, l'horloger s'était retranché à l'étage dans une pièce barricadée qui nécessita l'intervention de sapeurs pour être forcée; puis, Billon se replia tout en tirant vers le grenier, après avoir bouté le feu à une mine qui, en explosant, coûta la vie à vingt-cinq des assaillants et en blessa une quarantaine d'autres.

Guillaume Mazeau (2012) voit dans l'acte de Billon un «marqueur dans l'histoire des attentats politiques» pour les raisons suivantes:

> La volonté d'un anonyme de passer rapidement à la postérité, la violence de l'attentat, conduisant à un premier moment d'hébétude et d'incompréhension («on n'entendait que des hurlements confus»), le mode opératoire (le guet-apens, le recours à l'explosif), l'épouvante et l'indignation des survivants, l'identité des victimes (la plupart ne sont pas impliquées dans l'événement qui a conduit Billon à se venger) et la réaction des autorités politiques (le secours public aux victimes de l'attentat), font de l'explosion de Senlis un marqueur dans l'histoire des attentats politiques.

Ajoutons que le *modus operandi* fait immanquablement penser à un attentat suicide – même si Billon fut retrouvé moribond et fut vraisemblablement achevé à coups de crosse – et que la question des motivations politiques de l'acte se posa immédiatement au point de contraindre le comité municipal de Senlis à effectuer une mise au point afin d'assurer «que la prétendue main cachée qui a porté cet horrible coup n'existe que dans l'imagination échauffée de l'auteur [d'un récit fantaisiste]»[2].

Le guet-apens tendu par Billon n'en demeure pas moins un attentat privé. Une rupture plus significative intervint avec l'explosion de la machine infernale de la rue Saint Nicaise qui, comme on l'a vu, annonce

---

(1) Seule la bombe de Salvador fut réellement meurtrière, tuant une vingtaine de personnes; celles de Vaillant et de Henry ne firent que des blessés, dont l'un décéda ultérieurement de ses blessures dans le cas de l'attentat du café de l'hôtel Terminus.
(2) «Une fête tragique», *in*: *Les Sentiers du passé. Chronique du pays d'Oise*, Compiègne: Imprimerie du Progrès de l'Oise, 1927, p. 221.

une nouvelle ère de l'attentat politique, tant du point de vue de l'inscription de la violence armée clandestine dans l'espace public que de celui des représentations de cette forme de violence qui, désormais, concerne potentiellement tout un chacun.

＊
＊ ＊

Bibliographie

Ardant du Picq Charles (1999), *Études sur le combat. Combat antique et combat moderne*, Paris : Ivrea, 236 p.

Badier Walter (2007), *Émile Henry. De la propagande par le fait au terrorisme anarchiste*, Toulouse : Les Éditions Libertaires, 276 p.

Bauer Alain, Huygue François-Bernard (2010), *Les Terroristes disent toujours ce qu'ils vont faire*, Paris : PUF, 355 p.

Beam Louis (1992), « Leaderless Resistance », *The Seditionist*, n° 12, http://reactor-core.org/leaderless-resistance.html.

Bénichou David, Khosrokhavar Farhad, Migaux Philippe (2015), *Le Jihadisme*, Paris : Plon, 496 p.

Bertho Lavenir Catherine (2002), « Bombes, protes et pistolets. Les âges médiologiques de l'attentat », *Les Cahiers de médiologie*, n° 13, pp. 21-39.

Blom Amélie (2011), « Les "martyrs" jihadistes veulent-ils forcément mourir ? », *Revue française de science politique*, vol. 61, p. 867-891.

Bozarslan Hamit (2006), « Temps, espoir et violence », *in* : A. Mohammed Aref, J. Schmitz (dir.) *Les Figures d'islam après le 11 septembre*, Paris : Karthala, pp. 71-90.

Braud Philippe (2004), *Violences politiques*, Paris : Seuil, 281 p.

Burnat P. *et al.* (2010), « Attentats au chlore en Irak : utilisation d'un toxique chimique en combat asymétrique », *Médecine et armées*, vol. 38, pp. 89-96.

Clark William R. (2008), *Bracing for Armageddon? The Science and Politics of Bioterrorism in America*, New York : Oxford University Press, 224 p.

Clausewitz Carl von (1999), *De la guerre*, Paris : Perrin, 350 p.

Confucius (1987), *Les Entretiens*, Paris : Gallimard, 169 p.

Curcio Renato (1993), *À visage découvert*, Paris : Lieu commun, 243 p.

Danzig Richard *et al.* (2011), *Aum Shinrikyo. Insights into how Terrorists Develop Biological and Chemical Weapons*, Washington: Center for a New American Security, 62 p.

Dayan Daniel (2006), *La Terreur spectacle*, Bruxelles: De Boeck, 317 p.

Debord Guy (1992), *La Société du Spectacle*, Paris: Gallimard, 210 p.

Deltombe Thomas (2008), «Armer les esprits: le business des "experts" à la télévision française», *in*: Didier Bigo *et al.*, *Au nom du 11 septembre... Les démocraties à l'épreuve de l'antiterrorisme*, Paris: La Découverte, pp. 302-319.

Drif Zohra (2013), *Mémoires d'une combattante de l'ALN, zone autonome d'Alger*, Alger: Chihbab éditions, 607 p.

Duclos Louis Jean, Hermant Daniel (2006), «Mort volontaire combattante: sacrifices et stratégies», *Cultures et conflits*, n° 63, pp. 7-11.

Durkheim Émile (1897), *Le Suicide. Étude de sociologie*, Paris: F. Alcan, 462 p.

Durkheim Émile (1912), *Les Règles de la méthode sociologique*, Paris: F. Alcan, 186 p.

Enzensberger Hans Magnus (2006), *Le Perdant radical. Essai sur les hommes de la terreur*, Paris: Gallimard, 57 p.

Espina Miguel (1888), *Apuntes para hacer un libro sobre Joló*, Manila: Imprenta y Litografia de M. Perez, 920 p.

Ewing Franklin J. (1955), «Juramentado: Institutionalized suicide among the Moros of the Philippines», *Anthropological Quarterly*, vol. 28, 1955, pp. 148-155.

Fulton Robert A. (2007), *Moroland: The History of Uncle Sam and the Moros, 1899-1920*, Bend: Tumalo Creek Press, 524 p.

Goethe Johann Wolfgang (1883), *Œuvres, poèmes et romans*, vol. 5, Paris: Hachette, 585 p.

Guidère Mathieu (2010), *Les Nouveaux Terroristes*, Paris: Autrement, 156 p.

Hafez Mohammed M., Wiktorowicz Quintan (2004), «Violence as Contention in the Egyptian Islamic Movement», *in*: Quintan Wiktorowicz (ed.), *Islamic Activism. A Social Movement Theory Approach*, Bloomington: Indiana University Press, pp. 61-88.

Hafez Mohammed M. (2007), *Suicide Bombers in Iraq. The Strategy and Ideology of Martyrdom*, Washington: United States institute of peace press, 258 p.

Halbwachs Maurice (1930), *Les Causes du suicide*, Paris: F. Alcan, 520 p.

Hassid Olivier, Marcel Julien (2012), *Tueurs de masse*, Paris: Eyrolles, 224 p.

Hatina Meir (2014), *Martyrdom in Modern Islam: Piety, Power, and Politics*, Cambridge: Cambridge University Press, 286 p.

Horowitz Michael C. (2015), « The Rise and Spread of Suicide Bombing », *Annual Review of Political Science*, vol. 18, pp. 69–84.

Jomini Antoine Henri (1994), *Précis de l'art de la guerre*, Paris: Ivrea, 390 p.

Jones Susan D. (2010), *Death in a Small Package. A Short History of Anthrax*, Baltimore: The Johns Hopkins University Press, 323 p.

Jordanov Alex (2015), *Merah. L'itinéraire secret*, Paris: Nouveau monde éditions, 357 p.

Kaczynski Theodore J. (2008), *L'Effondrement du système technologique*, Vevey: Xenia, 434 p.

Kepel Gilles (2003), *Jihad. Expansion et déclin de l'islamisme*, Paris: Gallimard, 751 p.

Kepel Gilles (2005), *Al-Qaïda dans le texte*, Paris: PUF, 440 p.

Khosrokhavar Farhad (2014), *Radicalisation*, Paris: Éditions de la Maison des sciences de l'homme, 191 p.

Kiefer Thomas M. (1973), « Parrang Sabbil: Ritual Suicide among the Tausug of Jolo », *Bijdragen tot de Taal, Land en Volkenkunde*, vol. 129, n° 1, 1973, pp. 112-113.

Kiefer Thomas M. (1986), *The Tausug. Violence and Law in a Philippine Moslem Society*, Prospect Heights: Waveland Press, 145 p.

Kundnani Arun (2012), « Radicalisation: The journey of a concept », *Race & Class*, vol. 54, pp. 3-25.

Laqueur Walter {1987), *The Terrorism Reader*, New York: New American Library, 416 p.

Legendre Pierre (1989), *Le Crime du caporal Lortie*, Paris: Fayard, 188 p.

Lemkin Raphaël (1934), *Les Actes constituant un danger général (interétatique) considérés comme délits de droit des gens*, Paris: A. Pedone, 8 p.

Lepick Olivier (2003), *Le Terrorisme non conventionnel*, Paris: PUF, 152 p.

Lucheni Louis (1998), *Mémoires de l'assassin de Sissi*, Paris: Le Cherche-Midi, 236 p.

Lustick Ian S. (2012), « Why terrorism is a much smaller threat than you think », *in*: Richard Jackson, Samuel Justin Sinclair (ed.), *Contemporary Debates on Terrorism*, New York: Routledge, pp. 66-74.

Machiavel (1996), *Œuvres*, Paris: Laffont, 1386 p.

Majul Cesar Adib (1973), *Muslims in the Philippines*, Quezon City: University of the Philippines Press, 392 p.

Marsden William (1812), *A Dictionary of the Malayan Language*, London:

Cox and Baylis, 589 p.

Mazeau Guillaume (2002), «Violence politique et transition démocratique : les attentats sous la Révolution française», *La Révolution française* [en ligne], http://lrf.revues.org/380.

Mazzoleni Oscar (2008), *Nationalisme et populisme en Suisse : la radicalisation de la «nouvelle» UDC*, Lausanne : Presses polytechniques et universitaires romandes, 141 p.

Michel Louise (1886), *Mémoires*, Paris : F. Roy, 490 p.

Merriman John (2009), *Dynamite club. L'invention du terrorisme à Paris*, Paris : Tallandier, 256 p.

Migaux Philippe (2004), «L'avenir de la mouvance islamiste», *in* : Arnaud Blin, Gérard Chaliand (dir.), *Histoire du terrorisme. De l'Antiquité à Al Qaida*, Paris : Bayard, pp. 383-397.

Minois Georges (1997), *Le Couteau et le poison. L'assassinat politique en Europe (1400-1800)*, Paris : Fayard, 445 p.

Moghadam Assaf (2009), «Motives for Martyrdom. Al-Qaida, Salaa Jihad, and the Spread of Suicide Attacks», *International Security*, vol. 33, pp. 46–78.

Molloy Rebecca (2009), «Deconstructing Ibn Taymiyya's Views on Suicidal Missions», *CTC Sentinel*, vol. 2, n° 3, pp. 16-19.

Monier Frédéric (2012), «L'attentat de Marseille (9 octobre 1934) : régicide et terrorisme dans les années trente», *La Révolution française* [En ligne], http://lrf.revues.org/461

Moretti Mario (2010), *Brigate Rosse : Une histoire italienne*, Paris : Éditions Amsterdam, 355 p.

Morley Jean-Paul (1993), *1871-1984, la Mission populaire évangélique : les surprises d'un engagement*, Paris : Les bergers et les mages, 206 p.

Murakami Haruri (2013), *Underground*, Paris : Belfond, 543 p.

Musashi Miyamoto (1983), *Traité des cinq roues*, Paris : Albin Michel, 182 p.

Neumann Peter R. (2008), «Introduction», *in* : *Perspectives on Radicalisation and Political Violence. Papers from the First International Conference on Radicalisation and Political Violence. London, 17–18 January 2008*. http://icsr.info/wp-content/uploads/2012/10/1234516938ICSRPerspectiveson-Radicalisation.pdf

Perkins Christopher (2015), *The United Red Army on Screen : Cinema, Aesthetics and The Politics of Memory*, London : Palgrave Macmillan, 156 p.

Rapin Ami-Jacques (2014), *Pour en finir avec le terrorisme*, Bern : Peter Lang, 219 p.

Raufer Xavier (1986), «Euroterrorisme : comprendre pour combattre»,

Politique internationale, n° 30, pp. 251-263.

Reader Ian (1996), *A Poisonous Cocktail ? Aum Shinrikyo's Path to Violence*, Copenhagen : NIAS Press, 116 p.

Roy Olivier (2014), «Al-Qaida et le nihilisme des jeunes», *Esprit*, n° 3 (mars-avril), pp. 112-116.

Saadi Yacef (2002), *La Bataille d'Alger*, Paris : PubliSud, 3 vol.

Salazar Philippe-Joseph (2015), *Paroles armées*, Paris : Lemieux, 262 p.

Saleeby Najeeb (1913), *The Moro Problem. An Academic Discussion of the History and Solution of the Problem of the government of the Moros of the Phillipine Islands*, Manila : s.n., 31 p.

Salomé Karine (2010), *L'Ouragan homicide. L'attentat politique en France au XIXᵉ siècle*, Paris : Champ Vallon, 322 p.

Salomé Karine (2012), «Les représentations iconographiques de l'attentat politique au XIXᵉ siècle», *La Révolution française* [En ligne], http://lrf. revues.org/402.

Savinkov Boris (2003), *Le Cheval blême*, Paris : Phébus, 188 p.

Schmid Alex P., Jongman A. J. (1988), *Political Terrorism : A New Guide to Actors, Authors, Concepts, Data Bases, Theories, and Literature*, Amsterdam : North Holland Transaction Books, 700 p.

Schmitt Carl (1992). *La Notion de politique. Théorie du partisan*, Paris : Flammarion, 323 p.

Schröm Oliver (2002), *Im Schatten des Schakals. Carlos und die Wegbereiter des internationalen Terrorismus*, Berlin : Ch. Links Verlag, 334 p.

Sewrin Charles-Augustin (1801), *Hilaire et Berthille ; ou La machine infernale*, Paris : Dentu, 268 p.

Sidel John T. (2006), *Riots, Pogroms, Jihad. Religious Violence in Indonesia*, Ithaca : Cornell University Press, 304 p.

Silverstone Roger (2006), «La médiatisation de la catastrophe : le 11 septembre et la crise de l'Autre», *in* : Daniel Dayan (dir.), *La Terreur spectacle*, Bruxelles : De Boeck, pp. 115-122.

Sommier Isabelle (2002), «Du terrorisme comme violence totale ?», *Revue internationale des sciences sociales*, vol. 4, pp. 525-533.

Spiridovich A. I. (1930), *Histoire du terrorisme russe, 1887-1917*, Paris : Payot, 668 p.

Spores John C. (1988), *Running Amok. An Historical Inquiry*, Athens : Ohio University Monographs in International Studies, 179 p.

Stepniak Sergine [Sergey Kravchinski] (1885), *La Russie souterraine*, Paris : J. Lévy, 426 p.

Sueur Jean-Pierre (2015), *Rapport fait au nom de la commission d'enquête du Sénat sur l'organisation et les moyens de la lutte contre les réseaux djihadistes en France et en Europe*, http://www.senat.fr/notice-rapport/2014/r14-388-notice.html

Sun Zi (2000), *L'Art de la guerre*, Paris: Hachette, 328 p.

Thomson David (2014), *Les Français jihadistes*, Paris: Éditions des Arènes, 229 p.

Turchetti Mario (2013), *Tyrannie et tyrannicide, de l'Antiquité à nos jours*, Paris: Classiques Garnier, 1044 p.

Ugarte Eduardo F. (1999), *«The Demoniacal Impulse»: The Construction of Amok in the Philippines*, Thesis for the degree of Doctor of Philosophy, University of Western Sydney NEPEAN, 684 p.

Veyne Paul (1971), *Comment on écrit l'histoire*, Paris: Seuil, 349 p.

Waldmann Peter, Sirseloudi Matenia, Malthaner Stefan (2010), «Where does the radicalisation process lead?», *in*: Magnus Ranstorp (ed.), *Understanding Violent Radicalisation*, London: Routledge, pp. 50-67.

WHO, Regional Office for the Eastern Mediterranean (2012), «Mass psychogenic illness in Afghanistan», *Weekly Epidemiological Monitor*, vol. 5, n° 22, p. 22.

Yamanouchi Hisaaki (1972), «Mishima Yukio and his Suicide», *Modern Asian Studies*, vol. 6, pp. 1-16.

www.ingramcontent.com/pod-product-compliance
Lightning Source LLC
Chambersburg PA
CBHW020539290526
45786CB00002B/959